换个方式说

谭松 著

电子工业出版社
Publishing House of Electronics Industry
北京·BEIJING

未经许可，不得以任何方式复制或抄袭本书之部分或全部内容。
版权所有，侵权必究。

图书在版编目（CIP）数据

换个方式说 / 谭松著. -- 北京：电子工业出版社，2025.3. -- ISBN 978-7-121-49482-6

Ⅰ.H019-49

中国国家版本馆CIP数据核字第2025S7W411号

责任编辑：王小聪
印　　刷：天津画中画印刷有限公司
装　　订：天津画中画印刷有限公司
出版发行：电子工业出版社
　　　　　北京市海淀区万寿路173信箱　邮编：100036
开　　本：880×1230　1/32　印张：6　字数：119千字
版　　次：2025年3月第1版
印　　次：2025年3月第1次印刷
定　　价：58.00元

凡所购买电子工业出版社图书有缺损问题，请向购买书店调换。若书店售缺，请与本社发行部联系，联系及邮购电话：（010）88254888，88258888。

质量投诉请发邮件至 zlts@phei.com.cn，盗版侵权举报请发邮件至 dbqq@phei.com.cn。

本书咨询联系方式：（010）68161512，meidipub@phei.com.cn。

前　言

在这个充满挑战的现代社会，与人交流似乎成了一件需要极大勇气才能完成的事。尤其是对那些内心细腻、性格内向的人来说，它可能看起来像是一道难以逾越的障碍。

无论你是内向害羞，还是外向活泼，你是否都曾想象过：如果我能拥有一种超能力，用话语点亮他人的心灵，把坏事变好事，那该多好啊！——而"换个方式说"就能赋予你这种能力。

换个方式说，意味着我们可以打破常规，跳出传统沟通模式的框架，用一种全新的视角来看待沟通，探索新的方法和技巧，学习如何将不利的情况，转化为展示自我、建立联系的机会；如何用简单的语言，表达复杂的想法；如何用恰当的肢体语言，传递自己的情感；如何用真诚的态度，赢得他人的信任……

在逐步尝试的过程中，你会发现，与人交流原来如此简单，也如此有趣。内向的人也不必害怕，因为会沟通不是看谁的声音大，而是看谁更用心。即使是坏事，只要学会用正确的方式去表达和处理，也能成为促进理解和信任的契机。

换个方式说，不仅仅是换个词语，更是换个思路，可以帮助你在一些小而重要的时刻表达自己的观点时，更加得心应手。比如：

在一个团队项目中，你发现了一个可能的改进方案，但团队成员对此并不买账。这时，你该如何说服他们？

当你面对冲突情绪激动时，如何表达，才能既明确了自己的立场，又维护了双方的关系？

当你在工作会议上，想要阐述一个新想法，却担心被忽视或误解，这时，如何让你的声音被别人听到？

…………

本书将带你走进一个个实际场景，从日常对话到工作交流，从线上聊天到公开演讲。每个场景都是经过精挑细选的，它们或许会让你觉得似曾相识，或许会给你带来全新的视角。

在书中，我们将教会你如何在不同的情境下，用不同的方式表达自己。这些技巧都来源于真实的生活经验，经过了实践的检验。我们希望，通过这些技巧，你能够找到适合自己的沟通方式。无论是在职场上，还是在生活中，都能够自如地表达自己，建立起更和谐的人际关系。

沟通能力不是天生就有的，而是一种可以通过学习和实践而精进的技能。我们相信，通过改变思维方式和表达习惯，每个人都能够自信地表达自己的想法和感受，进而发现一个全新的自己，一个更加自信、更加从容、更加懂得如何用话语去影响他人的自己。

所以，拿起这本书，让我们一起开始一段奇妙的沟通之旅吧。记住，沟通不是一场竞赛，而是一次心与心的相遇。现在开始换个方式说，让我们一起用话语点亮彼此的世界！

目 录

PART 1
打破常规，换个方式开启对话

- 01 沟通，不只是说话那么简单 2
- 02 那些年，我们掉进的沟通陷阱 5
- 03 尊重差异和多样性，沟通才能无障碍 9
- 04 明确目标，让每句话都有的放矢 12
- 05 结构化信息，让你的表达更清晰 15
- 06 以故事的形式包装信息，可以简化复杂概念 18
- 07 保证信息同步，以防意外发生 21
- 08 给出明确指令，降低沟通成本 24
- 09 提供多个选项，使沟通更有效率 28
- 10 避免情绪化，保持理性沟通 31

- 11 洞察他人的情绪，让对话更有温度……34
- 12 从他人的反馈中学习和成长……37
- 13 积极倾听的五个步骤……40

PART 2 掌握沟通小技巧，与人交流更轻松

- 01 读懂肢体语言，让沟通更顺畅……44
- 02 外在形象也是沟通的一部分……47
- 03 将消极的语言转化为积极的语言……49
- 04 保持积极的态度，让沟通更有力量……53
- 05 学会赞美之道，可以使关系更和谐……56
- 06 看见不同，赞美那些不常被人注意到的优点……59
- 07 恰当地赞美领导，是最好的职场润滑剂……62
- 08 正面反馈要及时，营造动力满满的工作氛围……67
- 09 识别冲突类型，制定有针对性的策略……70
- 10 化解冲突，沟通是最有效的解决之道……73
- 11 面对领导的嘲讽，请保持冷静与专业……77
- 12 面对员工的不满，请保持开放与理解……80
- 13 面对同事的抱怨，请保持倾听与中立……83

PART 3

探索全新的沟通方式，复杂对话简单说

- 01 信任是沟通的土壤，可以提升说服的效率 …………… 88
- 02 使用"我们"而不是"我"或"你"，可以拉近距离 … 91
- 03 找到共同点，让对话更有感情 …………………………… 95
- 04 了解对方真正想要的，说服就不难了 ………………… 98
- 05 触动人心，从顾及对方的感受出发 …………………… 101
- 06 用事实说话，让论据支撑你的论点 …………………… 104
- 07 用问题引导对话，尝试开放性的沟通 ………………… 107
- 08 提前准备并预测反驳观点，展现你的专业素养 ……… 111
- 09 即使是坏消息，也能说得让人容易接受 ……………… 114
- 10 多问几次，逐层深入，找到问题的根源 ……………… 117
- 11 将危机化为转机，体现你的应变能力 ………………… 121
- 12 从危机中走出来，正确地沟通很重要 ………………… 125
- 13 真诚地道歉，让客户从不满到满意 …………………… 127
- 14 犯错不可怕，重要的是你如何应对它 ………………… 130
- 15 员工犯错时，领导者要专注于问题本身 ……………… 134

PART 4

沟通实战演练，让你在不同情境中游刃有余

- 01 领导者要与年轻员工建立连接 140
- 02 餐桌上的沟通，美食与美言同等重要 143
- 03 合适的时候聊聊私事，让关系更进一步 149
- 04 精彩的演讲，需要精心准备和自然呈现 152
- 05 演讲时的有效控制，可以将紧张转化为动力 ... 155
- 06 跨文化沟通，理解和尊重最关键 158
- 07 有效的跨文化沟通，用这些策略就对了 161
- 08 进行数字化沟通时，也要保持礼貌 164
- 09 远程办公，高效沟通无障碍 167
- 10 熟悉电子邮件和通信软件的优势与劣势 171
- 11 选择合适的沟通工具，让沟通更高效 174
- 12 为了应对变化，沟通策略要实时更新 177
- 13 制订计划，一步步提升沟通能力 180

Part 1

打破常规，换个方式开启对话

01 沟通，不只是说话那么简单

沟通不仅仅是信息的传递，还是建立关系、解决问题、促进合作、鼓励创新的桥梁。沟通在工作中扮演着至关重要的角色。有效的沟通可以增强团队合作，提升工作效率，而无效的沟通则可能导致误解、冲突乃至项目失败。

▶ **促进团队合作**

团队合作的基础是有效沟通。只有当团队成员能够清晰、开放地交流思想时，才能真正实现协同工作。

[假设在团队会议中，某个成员对项目提出了批评意见。]

错误示例

你立即回应："我们现在没有时间讨论这些问题。"这种做法可能会抑制团队成员发表不同意见，减少团队内部的创意激荡。

> **正确示例**

你应该回应:"这是一个好点子。我们可以探讨一下这个问题,看看有没有改进的空间。"这样不仅表现出你尊重团队成员的意见,同时也表现出你鼓励这种开放和诚实的沟通方式。

▶ 解决问题

与人合作时难免会遇到问题,有效的沟通是快速识别和解决问题的关键。

[假设项目进展遇到阻碍。]

> **错误示例**

团队成员都在各自寻找解决方案,没有进行有效的沟通。结果大家都在做重复的工作,或者解决方案互相冲突。

> **正确示例**

立即召集团队开会,每个人都提出自己的见解和建议。集体讨论,不仅能更快地找到问题的根源,还能集思广益,找到最佳的解决方案。

▶ 建立信任

信任是建立良好人际关系的基石,而有效的沟通是建立信任的关键。

[假设你正在处理敏感或困难的问题。]

错误示例

选择不直接沟通，而是通过邮件或第三方传达信息。这种做法容易引起误解和不信任。

正确示例

应该选择面对面沟通，直接、诚恳地表达自己的观点和听取对方的意见。这种方式不仅能减少误解，还能增强双方的信任感。

结 语

沟通远远超过了简单的语言交流，它涉及如何在不同的情境中，使用合适的方式和策略，以促进理解、合作和信任。掌握这门语言艺术，对任何人来说，都是成功的道路上不可或缺的一部分。通过学习和实践，我们可以不断提升自己的沟通技巧，将挑战转化为机遇，实现个人和团队的共同成长。

02 那些年，我们掉进的沟通陷阱

有效的沟通是成功的关键，然而，即便是经验丰富的沟通高手也可能掉进沟通的陷阱里。识别并避免这些常见的沟通陷阱，可以帮助我们建立更牢固的人际关系，提高团队合作的效率。

▶ **陷阱一：假设他人已知**

我们常常假设对方已经知道我们所知道的信息，而这种假设是沟通中的一大障碍。

> 假设在团队会议上，你提到某个项目的进展，所有人都了解该项目的背景，但团队中有一位新加入的成员。

错误示例

我们在 A 项目上取得了进展。

但实际上，新加入的团队成员对此一无所知，感到困惑和被排斥。

> **正确示例**

关于 A 项目，我们在设计阶段取得了一定的进展。为了便于新同事了解这个计划，我们简单回顾一下，这个项目旨在……

这样的介绍可以帮助每个人了解进度，也使得新成员感到被团队接纳了。

▶ 陷阱二：忽视非言语信息

沟通的内容不仅包括说出来的话，还包括语调、肢体语言和面部表情等非言语信息。

[　　假设你正在和同事讨论事情。　　　　]

> **错误示例**

你虽然口头上同意同事的提议，但双臂交叉，面无表情。这可能被解读为你内心不同意或不耐烦，容易造成误解。

> **正确示例**

当表示同意时，点头并保持眼神接触以及微笑等非言语行为能强化你的口头表达，展现出你的真诚和支持。

▶ 陷阱三：一味地批评别人而不是提供具体的反馈意见

一味地批评别人往往适得其反，而提供具体的反馈意见则能促进成长和改进。

错误示例

这份报告写得太差了，完全不是我们想要的。

这种批评只会让人感到受挫和困惑，不知道该如何改进。

正确示例

这份报告的结构有待加强，试着在开头概述主要观点，然后逐一详细阐述。这样对方就能清晰地理解我们的想法。

这种具体的建议能让人明白改进的方向。

结　语

避开这些常见的沟通陷阱，可以显著提升我们的沟通效果。通过清晰表达、注意非言语信息的传递和接收，以及提供具体的反馈意见，我们不仅可以减少误会和冲突,还可以增强团队协作能力,保持团队关系。记住,有效沟通是一种技能,它需要有意识地练习和持续地改进。

03 尊重差异和多样性，沟通才能无障碍

在多元化的社交环境中，尊重差异和理解多样性是构建高效沟通桥梁的关键。拥有不同背景、经历和观点的成员为团队带来了丰富的资源，但同时也带来了沟通的挑战。

▶ 差异的力量

每个人都是独一无二的，因此我们的差异就是我们最大的优势。差异不仅包括种族、性别或年龄的差异，还包括思维方式、工作经验、教育背景等方面的差异。当我们尊重并利用这些差异时，就能激发创新意识，推动团队向前发展。

▶ 建立尊重的文化

尊重他人，意味着在沟通时认真听取他人的观点，即使与自己的看法不同。这种尊重的文化鼓励团队成员自由地表达自己

的意见，促进更深层次的理解和合作。

▶ 克服偏见

我们每个人都可能会持有某些偏见，识别并克服这些偏见是理解多样性的第一步。克服偏见，会使沟通更加顺畅。

> 假设团队正在讨论一个新的项目。团队成员来自不同的文化背景，有着不同的观点和建议。

错误示例

直接驳斥与自己观点不同的意见，或者根本不考虑某些团队成员的建议，仅仅因为他们经验不足。

正确示例

主动邀请每个人分享他们的观点，确保所有声音都能被听到。在讨论过程中，用开放的问题引导对话。

这个想法很有趣，你能分享更多背后的思考吗？

或者

我们如何结合不同的建议，找到一个大家都满意的解决方案？

这样的做法，不仅能够增强团队的凝聚力，还能促进更有创造力和创新性的解决方案的诞生。

结　语

尊重差异，理解多样性不是一项单次任务，而是一个持续的过程。它要求我们不断学习、适应和成长。通过构建一个基于相互理解和尊重的沟通环境，我们能够化挑战为机遇，共同创造一个更加包容、高效和创新的工作环境。

04 明确目标，让每句话都有的放矢

明确的沟通目标是避免产生误解和提高效率的关键。清晰地表达你的目的和需要可以帮助团队更好地协作，同时可以减少不必要的重复工作和冲突。

▶ 设定明确的目标

在任何沟通活动开始之前，明确你想要达成的具体结果。你与别人沟通，是为了分享信息、征询意见、制定决策，还是为了解决问题？明确你的目标，可以帮助你选择最合适的沟通方式和策略。

▶ 使用清晰、具体的语言

避免使用模糊不清或过于复杂的语言。直接而具体的表达可以减少误解，确保信息的接收者能够准确理解你的意图和需求。

▶ **提供足够的背景信息**

确保自己提供了足够的背景信息，特别是在讨论复杂或新的话题时。这有助于接收者更好地理解情境，从而给予更恰当的回应。

[假设你需要向团队提出一个新的项目建议。]

错误示例

我认为我们应该采取新的策略。

这种表达过于模糊，没有明确的目标，也没有提供足够的背景信息，使团队成员难以理解你的具体意图。

正确示例

为了提升下个季度的销售额，我建议我们要探索一个新的市场细分策略。我将分享一些初步的市场分析结果，并讨论如何调整我们的产品，以满足这个新细分市场的需求。

这样的表达清晰地说明了沟通的目标、原因和期望的结果，使团队成员能够明白你的想法，并提供有针对性的反馈。

▸ **确认理解**

在沟通的结尾,确认对方是否正确理解了你的信息和目标。你可以通过简单的提问来完成确认工作,如"你能概述一下我们刚才讨论的关键点吗?"或者"你对这个计划有什么疑问吗?"。

结 语

通过明确沟通目标和使用清晰、具体的语言,我们可以有效地减少误解和冲突。这不仅有助于提高个人和团队的工作效率,还能营造一个更加和谐、协作的工作环境。记住,有效的沟通始于清晰的目标和对细节的关注。

05 结构化信息，让你的表达更清晰

在沟通中，能否清晰且有效地表达自己的想法是至关重要的。结构化信息可以帮助接收者更好地理解、记忆并响应你的信息。这不仅适用于正式的报告和演讲，同样适用于日常对话。

▶ **为什么要结构化信息**

结构化的信息有助于避免产生误解和混淆，使沟通更加高效。一个良好的结构可以帮助信息接收者预见信息的传递流程，更好地跟随你的思路，同时也让你的信息更加有说服力。

▶ **如何结构化你的信息**

明确目的： 在开始之前，确定你想要达成的沟通目标。
关键要点： 提炼出三到五个主要信息点，避免信息过载。
逻辑顺序： 安排信息传递的顺序，以最自然、最容易理解的方式展现。

总结重申： 在结束时，简明扼要地重复关键信息，以加深印象。

[假设你要向领导汇报一个项目进展。]

这个项目真是太麻烦了，我们遇到了很多问题。我真的不知道从哪里开始说起，总之就是一团糟。

这种表达方式结构不清晰，难以让人抓住重点，导致对方难以提供有效的帮助或解决方案。

我想向您汇报一下项目的进展。我们在调研阶段已经完成了所有的预定任务，这是个好消息。然而，在实施阶段，我们遇到了两个主要问题：一是供应商延期交货，二是预算超支。对于这两个问题，我们计划先与供应商沟通，解决交货问题，并重新评估预算，寻找可能的节约措施。您对此有什么建议吗？

这种表达方式清晰地列出了项目的当前状态、存在的问题以及下一步的计划，便于领导理解情况并提供反馈意见。

结 语

清晰地结构化我们的信息是有效沟通的关键。它不仅能帮助我们有效地传达信息,还能促进信息接收者的理解和反应。记住,好的沟通是建立在清晰和有逻辑的信息传递基础之上的。通过练习和应用这些技巧,我们可以成为更有效的沟通者。

06 以故事的形式包装信息，可以简化复杂概念

在沟通中，将复杂的概念通过故事的形式表达出来，不仅能使信息更加生动易懂，还能增强听众的记忆，促进情感的共鸣。故事能够降低数据和理论的枯燥程度，让沟通变得更加人性化和接地气。

▶ 故事的力量

人们天生喜欢听故事。故事可以帮助我们构建情境，让抽象的概念具象化，使复杂的信息更容易被理解。在沟通中巧妙地运用故事，可以帮助我们更有效地传达想法，增加说服力。

▶ 构建连接的桥梁

通过故事，我们能够与听众建立情感上的联系。一个好的故

事能够触动听众的心弦，让人们在共鸣中接收和理解信息。

[假设你需要向团队解释一个复杂的项目管理工具的重要性和使用方法。]

错误示例

A

我们需要开始使用这个新的项目管理工具，它有很多功能，比如任务分配、进度跟踪等。

听起来很复杂，我不确定我们是否真的需要它。

B

在这个例子中，A 只是简单地列举了这个工具的功能，并没有有效地讲解这个工具对团队的具体益处，使 B 感到困惑和有抵触情绪。

正确示例

A

我给大家讲一个故事吧。去年，我们团队的一个重要项目几乎延期，因为我们在任务分配和进度跟踪上出现了混乱。当时，团队成员 ×× 误解了他的责任范围，导致关键任务被延误。幸运的是，我们及时发现并解决了这个问题，这件事让我们意识到确实需要一个更好的解决方案。

A: 这就是为什么我推荐这个新的项目管理工具。它可以帮助我们清晰地分配任务，实时跟踪每个环节的进度，避免类似的混乱发生。

A: 我们可以通过一个简单的界面看到每个人的任务和进度，确保项目顺利进行。

B: 原来如此，听你这么一说，我觉得这个工具确实很有必要。

在这个例子中，A通过讲述一个真实的故事，使B理解了新工具的重要性。故事中的具体情境和人物让信息变得生动且易于理解，因此B很容易就接受了这个新工具。

结　语

以故事的形式讲述复杂的概念是一种强有力的沟通技巧。通过构建情境和引起情感共鸣，我们能够更有效地传递信息，促进对方理解。在准备沟通内容时，若能将故事融入其中，可以大大提高沟通的效果。

07 保证信息同步,以防意外发生

在合作时,按时报告进度不仅是一种责任,也是预防和解决问题的有效方式。透明的进展更新可以帮助团队保持同步,及时调整策略,避免最后时刻出现紧急情况。以下通过 A 和 B 的对话,向大家展示在实际情境中,如何有效地报告进度。

▶ **明确报告的重要性**

透明和及时的进度报告有助于团队成员间建立信任,确保所有人都对项目的当前状态有清晰的认识。清晰的认识是解决潜在问题和保证项目成功的基石。

[假设 A 是项目经理,B 是项目团队成员,他们正在讨论项目的进展情况。]

错误示例

你上周的任务完成了吗?进展如何?

A

哦,事实上,我遇到了一些问题,所以还没开始呢。我想我可能会晚些时候完成。 B

为什么直到现在你才说?这会影响我们整个项目的进度!

在这个例子中,B 没有及时报告进展,导致 A 无法及时调整计划,可能会对项目整体产生负面影响。

正确示例

我向您报告一下我上周任务的进展。我在任务开始时遇到了一些技术障碍,可能会影响最终的交付日期。不过,我已经识别出问题所在,并制定了解决方案。预计下周初能完成任务,稍晚于原计划的时间,但不会影响我们的整体时间进程。

很好,很高兴你提前告知我这个情况。我们一起看看是否需要调整计划或增加资源来帮助你。

在正确示例中,B 提前报告了自己所遇到的问题及解决方案,使得 A 有机会及时调整计划,从而避免了潜在问题的发生。这种主动公开的沟通有助于建立信任,并提高团队的适应性和灵活性。

> **结　语**
>
> 　　按时报告进度是确保项目成功的关键。它不仅有助于及时发现和解决问题，还能增强团队的凝聚力和信任感。通过采取主动和透明的沟通策略，我们可以避免许多由于沟通不足而引起的问题，从而将潜在的挑战转化为机遇。

08 给出明确指令,降低沟通成本

在沟通中,清晰准确地传达指令至关重要。这不仅能减少误解和错误,还能提高工作效率和团队士气。下面我们通过A(上司)和B(下属)的对话,探讨如何有效地给出指令。

▶ **明确性是关键**

要想员工或同事能够顺利完成任务,指令必须是明确清晰的。这意味着需要具体说明任务的目标、期望的结果、截止日期以及任何特定的工作标准或要求。

错误示例

A:你去处理一下客户数据。 ✗

好的,您需要我怎么处理?

B

A：就像我们以前做的那样。

这种指令模糊不清，没有具体说明处理数据的方式、目的或最终期望的格式，使得 B 无法有效执行。

正确示例

A：你在本周五前根据最新的销售数据，更新一下客户资料库，并确保所有数据按照地区进行分类。完成后，用电子表格的形式发给我。

明白了，我会按照要求完成的。

B

这样的指令清晰明确，包含了完成任务所需的所有关键信息，让 B 能够清楚知道如何行动。

避免假设对方知道一切

在给出指令时，切忌假设对方已经了解所有背景信息或具体细节。即使对方之前处理过类似的任务，也应当重新概述关键点。

错误示例

A：你更新一下项目报告吧。

B：您希望我更新哪部分内容？有没有新的数据需要加入？

A：你应该知道的。

这种指令容易令人产生误解，因为"更新项目报告"可能涉及多个方面，而且B未必清楚最新的更新需求。

正确示例

A：你根据昨天会议讨论的内容，更新一下项目报告的预算和进度部分，确保包含最新的成本估算和时间表。我希望在下周一开会之前收到更新后的报告。

B：明白了，我会依照会议内容进行更新，并确保在下周一之前发送给您。

在这个例子中，A清楚地指出了需要更新的具体部分和相关的背景信息，以便B能够准确执行。

结 语

在给出指令时,清晰、明确和具体至关重要。这样不仅能提高工作效率,还能减少不必要的时间浪费和沟通成本。作为上司或项目负责人,培养良好的发指令的习惯,对建立高效、和谐的工作环境有着不可估量的价值。

09 提供多个选项,使沟通更有效率

在安排会议或讨论时,提供多个选项是一种提高工作效率和表现尊重的方式。这不仅表现了你对他人时间的尊重,也避免了不必要的邮件往来,提高了工作效率。

▶ 为什么提供选项很重要

提供多个选项,表明你允许对方根据自己的日程安排,选择最合适的时间。这样可以避免因时间不合适而导致会议延期或取消,提高会议的出席率和工作效率。

▶ 如何有效提供选项

明确提供选项:在提出会议请求时,明确提供两到三个具体的日期和时间选项。这比开放式的提问,如"你什么时候有时间?"更有效,因为它减少了对方查看日程和做决定的时间。

考虑时区差异： 对于跨时区的团队，记得考虑时区差异，选择对所有参与者来说都合适的时间。

使用工具辅助： 利用日程共享软件或会议预约工具，如 Google Calendar 的"找到时间"功能，可以帮助找到所有参与者都合适的时间。

> 假设 A 是项目经理，需要和项目成员 B 讨论项目进度，两个人都很忙。

错误示例

A：我们讨论一下项目进度吧。你什么时候有时间？

B：稍等，我需要查看一下我的日程安排。

（可能和 A 的时间冲突，需要再次协调时间。）

正确示例

A：为了讨论项目进度，我查看了我们的日程。我们是否可以在周三下午 2 点、周四上午 10 点或周五下午 4 点中的任一时间进行讨论？

B：周四上午 10 点对我来说很合适。

> 可以,我马上发送会议邀请。

A

通过提供具体的时间选项,A 不仅表达了对 B 的尊重,也极大地提高了会议安排的效率。

结 语

在沟通中,预先提供几个可选择的日期和时间,是一种简单却极其有效的提高沟通效率和展示专业态度的方法。它不仅减少了不必要的邮件往来,还体现了我们对工作和他人时间的尊重,从而增强了合作关系。

10 避免情绪化,保持理性沟通

在沟通中,对情绪的管理是一项关键技能。情绪化沟通往往会导致产生误解和冲突,而有效的情绪管理则可以促进理解和合作。

▶ 情绪是一把双刃剑

情绪对于人际关系既是催化剂也是破坏者。它既能加深同理心,也能造成不必要的冲突。认识到情绪的影响,并学会控制情绪,是沟通成功的关键。

▶ 如何有效管理情绪

认识并接受你的情绪:意识到自己的情绪状态是管理情绪的第一步。不要试图压抑或否认你的情绪,而是接受并理解它们的来源。

暂停和反思：在回应之前，给自己一点时间冷静下来，考虑更理性的回应方式。

选择合适的表达方式：学会用合适的语言和语调表达你的情绪，避免使用攻击性的语言。

[假设在项目会议上，B 的提案遭到了 A 的强烈反对。]

错误示例

A：我认为这个提案完全行不通，我们之前已经讨论过了。

B：你每次都这样，从来都不支持我的想法！

（情绪化回应）

在错误示例中，B 的情绪化回应可能会导致双方的关系紧张，进一步阻碍了有效沟通。

正确示例

A：我认为这个提案完全行不通，我们之前已经讨论过了。

> 我明白你的担忧。不过,我们能否具体讨论一下你认为行不通的原因?我相信通过调整,我们可以找到更好的解决方案。

B

(冷静回应)

在正确示例中,B 通过冷静和具有建设性的方式回应,不仅避免了情绪化的冲突,还为进一步的合作和找到解决方案提供了机会。

结　语

管理好自己的情绪,避免情绪化沟通,是成功的关键。通过认识和控制自己的情绪反应,我们可以更有效地与他人沟通,建立更加稳定和谐的关系。这不仅需要时间和反复练习,还需要持续的自我反思和调整。

11 洞察他人的情绪，让对话更有温度

正确识别并有效回应他人的情绪是极为重要的沟通技巧。洞察他人的情绪可以让我们的交流更顺畅，但如果处理不当，也可能成为沟通的障碍。

▶ 识别非言语线索

很多时候，人们可能不会直接表达他们的情绪，但他们的非言语行为，如面部表情、肢体语言、语调变化，会透露许多信息。观察这些细节，可以帮助我们更好地理解对方的情绪状态。

▶ 理解话语背后的情绪和需要

有效的沟通不仅仅是听到对方说了什么，更重要的是听出对方未说的部分。这意味着要理解对方话语背后的情绪和需要，而这通常需要较强的同理心和较高的敏感度。

> 假设你的同事 B 最近工作压力很大，而你注意到了他的情绪变化。

错误示例

A：你最近是不是有什么烦恼？你得学会放松。

B：……

（感觉被误解和轻视）

在错误示例中，A 虽然可能出于好意，但却直接指出了问题，并给出了解决方案，这可能会让 B 感到他的感受和经历被忽视了。

正确示例

A：我注意到你最近似乎有点不同寻常，是有什么事吗？

B：是的，我最近确实有点压力大。

A：听起来确实很有挑战性，如果你愿意分享的话，我很愿意倾听。

在正确示例中，A 首先表达了对 B 情绪变化的关注，然后提出了开放性的邀请，让 B 有机会表达自己的感受。A 的回应表达了支持和愿意倾听的意愿，并且 A 没有立刻给出建议或解决方案，而是给了 B 一定的空间来分享他的感受。

▶ 情绪回应的技巧

确认感受： 通过重复对方的话或简单概括对方的情绪来表达你的理解。

保持开放性： 提供一个安全的空间，让对方感觉到他们的感受和经历是被接纳的。

避免立即解决问题： 虽然我们想立即提供解决方案，但有时候最好的方式是先让对方感到被听见和被理解。

结 语

识别并回应他人的情绪是一种重要的沟通技能，它要求我们拥有同理心、耐心和理解力。通过练习这些技能，我们可以建立更深层次的人际关系，使团队合作更加有效。

12 从他人的反馈中学习和成长

有效的沟通,不仅是理解对方所说的话,更重要的是能从对方的反馈中学习和成长。无论是上司的评价,还是同事的意见,反馈都是提升自我的宝贵资源。

▶ 有效接收反馈

接收反馈时,保持开放和感激的态度很关键。这意味着接收者要积极倾听,不立即辩解或否认,试图从他人的角度理解其反馈的内容,并思考改进措施。

▶ 建立积极的反馈文化

鼓励开放和诚实的沟通方式,创建一个安全的环境,使得人们愿意分享和接受反馈。这种文化的建立对于促进个人和团队的成长至关重要。

[假设 B 刚完成一次项目汇报，A 作为他的同事，给出了一些反馈。]

错误示例

A：你的汇报里有些数据我觉得分析得不对。

B：那些数据我已经检查过多次，我认为没有问题。

在这个对话中，B 立刻进入了防御模式，没有真正接纳 A 的反馈意见，错失了学习和改进的机会。

正确示例

A：你的汇报里有些数据我觉得分析得不对。

B：是吗？谢谢你的反馈，我想知道你有什么具体的建议。

在这个对话中，B 表现出了开放的态度，积极询问具体的改进意见。这样不仅有助于他的个人成长，同时也拉近了他与 A 的关系。

从反馈中学习的几个技巧

主动寻求反馈：不要被动地等待别人的反馈，主动询问你的上司、同事以及员工对你工作的看法。

仔细询问：当你寻求反馈时，应尽量具体。这有助于对方提供更具体、更有用的意见。

保持开放和感激的态度：感谢提供反馈的人，因为他们的意见可以帮助你成长。

反思并制订行动计划：收到反馈后，花时间反思如何利用这些信息。如果需要，可以制订一个行动计划。

结　语

从反馈中学习是个人成长的重要组成部分。有效地从反馈中学习，不仅能提升个人技能，还能加强团队之间的信任和协作。通过开放和积极的态度接收反馈意见，我们可以更好地了解自己的强项和需要改进的地方，从而更快地成长。

13 积极倾听的五个步骤

积极倾听,需要全身心投入,以确保你不仅仅听到了对方的话,还理解了对方的意图。以下是实现积极倾听的五个步骤,每一步都至关重要。

▶ 第一步:准备倾听

心态准备: 在对话开始前,提醒自己要保持开放和接受的态度,预设自己将能从对方的话语中学到新知识或了解新观点。

物理准备: 确保环境适宜,没有干扰,全身心投入对话。

▶ 第二步:表现出倾听的行为

肢体语言: 通过点头、保持眼神接触和面向说话人等肢体动作表明你在倾听。

避免打断: 即使你有问题或不同意见,也要保持耐心,等对方说完。

▶ **第三步：反馈与澄清**

重述： 用自己的话简短重述对方的要点，以确认自己的理解是否正确。

提问： 适当提问，以便澄清问题和深入话题。

▶ **第四步：接受不同的观点**

开放性： 即使不同意对方的观点，也要尝试理解对方的立场和感受。

避免立即评判： 保持中立，不要急于下结论。

▶ **第五步：响应与总结**

有效响应： 根据对方的意见提供恰当的反馈，可以是支持、同情或提供不同视角。

总结： 对话结束时，总结讨论的要点和达成的共识，确保双方都清楚对话的结果。

[假设在会议中，一位同事提出了一个新的想法。]

错误示例

你立刻拿出手机查看电子邮件，偶尔抬头、点头。同事讲完后,你立即提出一系列批评意见,没有提出任何需要澄清的问题。

正确示例

你全程保持眼神接触,并在同事讲述想法时,通过点头和面部表情表示你对他的话感兴趣。在他讲完后,你重述了你对他想法的理解,并提出了几个需要澄清的问题。即使你有不同意见,也要先表达对他努力工作的认可,然后礼貌地提出你的观点。

结 语

积极倾听不仅能帮助我们更好地理解对方,还能增强双方的信任感,营造更加和谐的沟通氛围。

Part 2

掌握沟通小技巧，
与人交流更轻松

01 读懂肢体语言,让沟通更顺畅

虽然我们经常关注口头语言在沟通中的作用,但是在传递信息、建立关系和影响他人方面,肢体语言同样扮演着重要角色。肢体语言包括姿势、手势、眼神接触、面部表情等。它能够在不说一句话的情况下,向他人传达我们的感情、态度和信心。正确理解和使用肢体语言,可以显著提高沟通效果。

▶ **姿势的重要性**

姿势可以传递强烈的信息。开放和自信的姿势可以增强说话者的个人魅力,而封闭和不自信的姿势则可能产生相反的效果。

[假设你正在开会。]

错误示例

双臂交叉坐在会议室的角落,可能给人一种不感兴趣或防御的印象。

> 正确示例

坐直并稍微向前倾，表明你对讨论的内容感兴趣。

▶ 使用手势增强表达效果

恰当的手势可以增强你的表达效果，帮助你更好地传递你的情绪和信息。但是不恰当的手势或过多的手势可能会引起误会或分散对方的注意力。

> 错误示例

频繁地挥动手臂或使用指向性强的手势，可能会使对方感到不舒服或被威胁。

> 正确示例

使用开放和邀请的手势，如展开双臂，可以增强你的亲和力与说服力。

▶ 眼神接触的力量

适当的眼神接触是建立信任和表明你在专心听别人讲话的一个关键因素。它表明你尊重和关注对方，可以增强你的说服力。

[假设你正在与人交谈。]

> 错误示例

不断避免眼神接触，可能会让人感觉到你缺乏信心或者不真诚。

> 正确示例

保持适度的眼神接触,表明你在认真听对方说话。

▶ 用面部表情传递情感

面部表情是传递情感的一种强大工具。它们能够在无声的情况下表达人的喜怒哀乐。

[假设你正在讨论严肃或敏感的话题。]

> 错误示例

面无表情或面带愁容,可能会让对话变得更加困难。

> 正确示例

面带微笑进行正式或非正式的交流,可以营造友好和积极的沟通氛围。

结 语

肢体语言是沟通过程中不可忽视的关键要素。通过有意识地调整肢体语言,我们可以更有效地与他人沟通,无论是在团队合作、领导力展示还是日常交流中。记住,非语言沟通同样需要练习和自我觉察。花时间去观察和改进肢体语言,将有助于我们建立更牢固的人际关系,提升个人形象。

02 外在形象也是沟通的一部分

我们的穿着打扮传递出的信息和语言信息一样重要。着装不仅反映了一个人的个性和品位，更是其职业态度和自我认知的外在表现。恰当的着装能够提升个人的形象，促进正面的沟通。

▶ **着装是第一印象形成的重要依据**

人们通常会在初次见面的几秒钟内对他人形成第一印象，而其着装往往是第一印象形成的重要依据。专业得体的着装能够提升你的可信度，让同事或客户更加倾向于和你交流与合作。

▶ **着装要与企业文化相契合**

不同的企业和行业对着装有着不同的要求，观察并遵循你所在企业的着装规范，可以更好地提升你的形象。

[假设你在一个要求穿商务正装的传统行业中工作。]

错误示例

坚持穿休闲装,可能会给人一种不专业或不尊重企业文化的印象。

正确示例

在准备参加重要会议或拜访客户时,选择符合企业文化且适用于严肃场合的职业装。例如,你的公司倾向于更正式的着装,那么在重要场合穿着整洁的西装和恰当的配饰会显现出你的专业性和对细节的关注。

恰当的着装,不仅能增强你与他人的沟通效果,还能从侧面展现你的职业态度。

结 语

在沟通中,着装的重要性不容忽视。它能够有效地影响人际关系的建立和维护。通过合理的着装,我们可以从侧面展现自己的专业素养,加深他人对我们的正面印象,从而打造强大的个人品牌。

03 将消极的语言转化为积极的语言

在沟通中，使用积极的语言不仅能改善人际关系，还能有效提升团队士气和工作效率。积极的语言能够营造一种鼓励、支持和理解的氛围，让人感受到正能量和可能性。反之，消极的语言往往会导致人们情绪低落、丧失信心，甚至产生冲突。因此，学会将消极的语言转化为积极的语言是每个人都应该掌握的技能。

将消极的语言转化为积极的语言的关键在于，我们要改变看待问题的视角。以下是一些实用的技巧，以及相应的正确示例和错误示例。

▶ **将问题看作机遇**

很多时候，所谓的问题实际上是未来成功的契机。通过改变语言的表达方式，我们可以将注意力从问题本身转移到寻找解决方案和机会上。

错误示例

我们这个月的销售业绩又没达标,真是太糟糕了。

正确示例

这个月的销售业绩给了我们一个很好的机会去审视我们的营销策略,并探索新的增长点。

▶ 将错误视为学习和成长的机会,而不是失败

每个人都会犯错,但关键在于我们如何看待这些错误。将错误视为学习和成长的机会,而不是失败,可以大大提高沟通的积极性。

错误示例

你的报告中充满了错误,看来你根本没有仔细检查。

正确示例

你的报告中有几处需要改进的地方,我们可以一起检查一下,确保下次更加完善。

▶ 聚焦解决方案，而非问题

当面临挑战时，集中精力讨论解决方案，而不是一味抱怨，就能激发团队的积极性和创造力。

错误示例

> 我们总是因为沟通不畅而耽误项目进度。

正确示例

> 为了加快项目进度，我们一起探讨一下如何优化我们的沟通流程。

▶ 多使用鼓励性的语言

在给予反馈时，使用鼓励性的语言可以使接收者更容易接受意见，并增强他们改进的动力。

错误示例

> 你在会议上的表现真让人失望，几乎没说什么有价值的内容。

正确示例

我注意到你在会议上有很多想法,期待你下次更积极地分享你的见解。

结 语

积极的语言的力量不仅仅体现在字词的选择上,更体现在它背后所传达的态度和视角上。将消极的语言转化为积极的语言,不仅能改善当前的沟通环境,还能为未来的成功铺平道路。在日常的沟通中不断练习和应用这些技巧,我们就能更有效地激励团队成员,积极地解决问题,推动团队向前发展。

04 保持积极的态度，让沟通更有力量

经验不足是许多职场新人面临的一大挑战。然而，我们可以通过表达学习意愿、积极适应和开放的心态来弥补经验上的不足。

▶ 正确认识经验与态度的关系

虽然经验丰富确实可以提升工作效率和解决问题的能力，但态度也决定了一个人愿意学习新技能和适应新环境的速度。积极的态度有时比经验更为重要。

▶ 用态度弥补经验不足的策略

积极主动学习：表明你愿意学习并想快速弥补知识空白的决心。

寻求反馈：主动寻求反馈，并将其视为成长的机会。

承认不足：当不确定时，勇于承认自己的不足，并寻求帮助。

[假设新员工 Alice 加入了一个需要使用特定软件的项目组，但她在这方面几乎没有任何经验。]

错误示例

Alice 感到不安，并尝试掩盖自己的不足，担心同事会对她的能力产生怀疑。当项目组讨论相关任务时，她选择沉默，希望能够悄无声息地避开讨论。

正确示例

Alice 主动承认她在这方面的经验有限，但她表现出了强烈的学习意愿。她对团队其他成员说："我对这个软件不是很熟悉，但我正在努力学习，并计划参加一些线上课程来提升我的技能。同时，如果可能的话，我希望能得到大家的一些指导。"此外，Alice 还利用业余时间加强学习，并积极寻求项目组内经验丰富的成员的帮助。

通过这样的做法，Alice 不仅赢得了同事的尊重和支持，也在短时间内显著提高了自己的技能水平，成为项目组的得力干将。

结　语

经验虽然重要，但是积极的态度和愿意学习的心态可以弥补经验上的不足。通过坦诚地承认自己的不足，并表达积极改进和学习的意愿，职场新人也可以快速成长，甚至超越那些经验丰富却缺乏创造力的老手。这种积极的态度不仅有助于个人的职业发展，也有助于给团队和组织带来新的活力和视角。

05 学会赞美之道,可以使关系更和谐

赞美,是沟通中最好的润滑剂。它能够激发团队士气,增强个人自信。然而,只有当赞美既具体又真诚时,它才能达到预期的效果。具体的赞美能够让对方明白自己在哪些方面做得好,而真诚则确保了赞美的真实感,让对方感受到真正的认可。

▶ 具体的赞美的重要性

具体的赞美可以帮助员工了解他们哪些具体行为或成果是被高度评价的,从而鼓励他们在未来重复这些行为。

▶ 真诚的力量

真诚的赞美能够触动人心,建立深厚的信任和尊重。当员工感受到领导的赞美是发自心底的,他们的工作积极性和忠诚度都会显著提升。

> 假设你是一个团队负责人,你如何具体且真诚地赞美你的成员。

错误示例

A: 你这个月做得不错,继续保持。

B: 谢谢,我会继续努力的。

这种赞美虽然表面上看起来是正面的,但由于缺乏对细节的描述和真诚感,会给人一种被评判的感觉,难以激发 B 未来行动的动力。因为 B 并不知道自己的哪些行为做得好,所以也难以重复那些行为。

正确示例

A: 我很欣赏你在上周项目报告中的表现。你对细节的关注和对数据的深入分析,帮助团队更好地理解了项目的进展情况。

B: 真的吗?那太好了,我很高兴能为团队做出贡献。

在这个例子中,A 不仅赞美了 B 的具体行为(对细节的关注和对数据的深入分析),而且说的话也很真诚。这样的反馈不仅能增强 B 的自信心，还能鼓励他在未来继续重复这些行为。

> **结　语**
>
> 　　赞美应该是具体且真诚的，这样才能真正激发员工的潜力，增强团队的凝聚力。作为职场人士，无论我们是领导者还是员工，都应学会有效地赞美，以打造更加积极和高效的工作环境。

06 看见不同,赞美那些不常被人注意到的优点

有效的赞美,不仅能拉近团队成员之间的关系,还能提升个人的工作动力和团队的整体士气。然而,真正具有影响力的赞美往往是赞美那些不常被人注意到的优点。

▶ 发现隐藏的优点

每个人都有自己的优点,但这些优点并不总是显而易见的。在日常工作中,细心观察,你会发现同事们在处理挑战、与人协作以及处理日常任务中所表现出的优秀品质和能力。

▶ 赞美的力量

赞美往往能触及人的内心,尤其是当赞美那些很少被人注意到的优点时。这样的赞美显得更加真诚,能够有效提升对方的

自信心。

[看一下在职场中如何有效地赞美同事。]

情景1：赞美细节处理能力

错误示例

你总是在会议上保持沉默，以后能不能多提点儿意见。

嗯，我试试看吧。

正确示例

我注意到你在会议上记的笔记非常详细，捕捉了很多要点，这对团队的工作进展非常有帮助。以后能不能多跟大家分享一下。

真的吗？谢谢你，我很高兴能为团队做点事情。

情景2：赞美后台支持工作

错误示例

你做的都是一些后台支持工作，没什么难度。

……是吧,我也这么认为。

正确示例

虽然你的身影可能不总是在聚光灯下,但你的努力和付出确实是团队成功的基石。我们很庆幸有你这样细心和可靠的工作伙伴。

哇,听你这么说,我真的很激动。

结 语

寻找并赞美那些很少有人注意到的优点,不仅能让对方感到被重视,还能促进团队之间的正向沟通和合作。记住,有效的赞美应当是具体的、真诚的,只有这样才能真正触及人的内心,发挥出赞美的最大效用。

07 恰当地赞美领导，是最好的职场润滑剂

在职场中，恰当地赞美领导是一种重要的沟通技巧，它有助于建立积极的工作关系。然而，过度或不真诚的赞美很容易被视为讨好领导，这样不仅会损害你在同事中的形象，还可能会降低你的真诚度。下面是一些应用场景，教你如何恰当地赞美领导。

▶ 具体而真诚的赞美

赞美必须建立在真诚的基础上，具体而真诚的赞美比泛泛而谈的夸赞更有效，更能显示出你的真诚。

错误示例

A：老板，您真是太棒了，每个决定都那么完美！

> 又来了,真是听着都让人觉得尴尬。
> B

(旁听的同事心想)

正确示例

> A
> 我很赞同您在上周会议中提出的那个解决方案,它解决了我们团队面临的挑战。

> 确实如此,那个方案对我们的帮助很大。
> B

(旁听的同事可能会这样想)

▶ **将赞美与自我提升相结合**

在赞美的同时,适当地分享自己从中学到了什么或者受到了什么启发,这样可以减少同事对你赞美领导的动机的怀疑。

错误示例

> A
> 您做的每个决定都那么正确,我们都应该向您学习。

(频繁且无差别的赞美)

这种过度和泛泛的赞美会让人怀疑赞美的内容的真实性和赞美的动机。

> **正确示例**
>
> A：我很钦佩您在处理客户投诉时的冷静和专业，这让我意识到在压力下保持冷静十分重要。我会在以后的工作中多向您学习。

这样的赞美附带个人的反思和成长的意愿，更加真诚且具有建设性。

▶ 针对成就进行赞美，而非人格

专注于领导的具体成就或贡献进行赞美，而不是泛泛地赞美其人格特质。这样既能表达你对领导工作能力的欣赏，也能避免同事觉得你是在吹捧领导。

▶ 在合适的场合赞美

选择合适的时机和场合进行赞美。在团队会议上或当着同事的面赞美领导的具体成就，可以让赞美更具有公信力，同时也可以减少同事对你的误解。

[**假设你的领导刚刚带领团队成功完成了一个重要项目。**]

错误示例

你：哇,领导真是太棒了,能力超强,这么难的项目都能完成!
（在休息室,大声对领导说）

同事：又在讨好领导!
（感到不适,心生厌恶）

正确示例

你：我想对我们的领导表示感谢,是他在项目中的出色领导和决策,帮助我们克服了重重困难,最终成功地完成了项目。
（在团队会议上）

同事：确实,领导的出色表现对我们完成项目起到了关键作用。
（点头同意）

　　这样的做法,不仅表达了你对领导的赞美,而且是在一个更加公开和恰当的场合,这有助于增加赞美的真诚性和接受度。

结 语

恰当地赞美领导是一门艺术,它需要考虑到赞美的内容、时机和方式。通过以上技巧,我们既可以更好地赞美领导,同时也可以维持与同事之间的良好关系。

08 正面反馈要及时,营造动力满满的工作氛围

在沟通中,及时给予正面反馈至关重要。它不仅是对个人或团队成就的认可,更是一种强大的激励方式,能够立刻提升工作积极性和团队凝聚力。正确及时地表达赞美和肯定,可以让收到反馈的人立刻感受到自己的价值,提升他们的工作积极性。

▶ **及时给予正面反馈为什么如此重要**

即时强化: 根据行为心理学,及时的反馈能够立即强化正面行为,使其更有可能在未来重复出现。

影响情绪: 及时的正面反馈能够立刻使接收者的情绪高涨,增强他们的自信心和满足感。

准确性和相关性: 随着时间的推移,具体细节可能会变得模糊。及时给予反馈能保证所赞美的行为和成就被准确捕捉和描述。

如何有效实施及时的正面反馈

在沟通中实施及时的正面反馈的关键在于观察、认可并立刻行动。

[假设 A 是团队管理者,B 是团队成员。A 对 B 的工作表现给予了正面反馈。]

错误示例

A：你上月初处理那个紧急项目的表现很出色。

B：谢谢。那已经是好几周前的事了,我都快忘了。

错误示例中的反馈虽然是正面的,但由于不够及时,所以它的影响力和鼓励作用大打折扣。

正确示例

A：你今天处理客户紧急请求时的表现非常出色,特别是你迅速调配资源和协调团队的能力,正是我们团队所需要的。非常感谢你的努力和专业性。

> 非常感谢您的认可,我会继续努力的。

B

在正确示例中,A 不仅认可了 B 的具体行为,而且在行为发生后立即给予正面反馈。这种及时性使得反馈更加具有影响力,有效地激发了 B 的工作热情。

结 语

及时的正面反馈是高效沟通的关键。它不仅提升了员工的工作满意度,激发了员工的工作热情,也强化了团队之间的正面互动,营造了一个良好的工作氛围。作为团队的管理者,养成及时给予正面反馈的习惯,对于营造和维护一个高效、积极和动力满满的工作环境至关重要。

09 识别冲突类型，制定有针对性的策略

在工作中，人际冲突是不可避免的，但识别冲突的类型及其来源，可以帮助我们更有效地解决冲突。冲突通常源于信念、价值观的差异，目标不一致或沟通障碍。通过识别和理解这些不同类型的冲突，我们可以采取更有针对性的策略来解决问题。

▶ 资源冲突

资源冲突经常发生在团队成员或部门之间竞争有限资源时，可能是时间、金钱或物理资源等。例如，两个部门可能争夺公司的核心资源，或者两个项目组可能同时需要同一个关键员工的时间和精力。

▶ 价值观和信念冲突

当个人或团队在价值观和信念上存在差异时，就可能产生冲突。这种类型的冲突可能是最难解决的，因为它涉及个人的身

份和价值观。例如，一位员工可能比较喜欢创新和冒险，而公司文化却偏向于保守和循规蹈矩。

▶ 目标冲突

目标冲突经常发生在个人或团队的目标不一致时。这可能是因为目标本身就相互冲突，也可能是为了达到其中一个目标，而只能牺牲另一个。例如，销售部门的目标是增加销量，而生产部门的目标则是保证产品质量，一般来说，这两个目标可能难以同时实现。

▶ 沟通障碍

因沟通障碍而产生冲突的原因可能是信息传递得不准确、不完整。这包括语言障碍、非语言沟通造成的误解。例如，一个复杂的指令如果没有清晰地传达给团队成员，可能会导致团队的任务执行结果不符合预期。

> 假设你的团队正在完成一个紧急的项目，但是项目进度远落后于计划。

错误示例

指责某个个人或小组未能按时完成工作，延误了项目进度。

正确示例

召开团队会议,公开讨论项目当前的状态,探讨进度落后于计划的原因,而不是追究责任。通过共享信息,鼓励团队成员共同寻找解决方案,比如重新分配资源或调整项目时间表。

理解冲突的来源是解决冲突的第一步。采取积极、开放的态度沟通,并寻找共赢的解决方案,可以帮助团队将冲突转化为团队发展和创新的机会。

结　语

要想有效解决冲突,需要深入理解冲突的来源。通过积极应对和采取建设性的解决方案,我们可以将冲突转化为促进个人和团队成长的机会。在处理冲突的过程中,保持开放和积极的沟通是关键。

10 化解冲突，沟通是最有效的解决之道

在工作中，冲突虽然不可避免，但通过有效的沟通，可以将冲突转化为促进团队成长和增强合作关系的机会。沟通，并不是为了争论对错，而是为了找到一个双方都能接受的解决方案。

▶ 理解对方的立场

在沟通过程中，首先要做的是理解对方的立场和需求。

错误示例

> 这个提议给我们部门增加了太多工作量，我们做不到。

> 那是你们部门自己的问题。

这种直接的拒绝没有给予双方对话的空间，只会加剧

双方的冲突。

正确示例

> 我理解你们的担忧,能具体告诉我哪些部分让你们觉得压力大吗?

> 实际上,我们主要担心时间不够。如果能稍微调整一下时间,我们可能能完成。

> 明白了,我们稍后讨论一下看能否调整一下时间。

通过询问具体的情况,并表示愿意调整一下时间,表现出了开放和协作的态度,这有助于找到一个双方都满意的解决方案。

▶ 寻求共同点

在任何沟通中,寻找双方都认同的点是非常重要的。这不仅能缓和紧张的气氛,还能为双方提供一个共同的出发点。

错误示例

> 必须按照原计划进行,我们不接受任何改动。

> 不改动不行，没法通过。

这种态度使协商变得不可行，彼此都没有给予对方任何合作的可能性。

正确示例

> 咱们都希望项目能成功，对吧？那么接下来，咱们一起看看哪些部分是最关键的，需要优先考虑。

> 对，项目的成功是咱们的共同目标。我同意先从关键部分着手。

强调共同的目标并邀请对方参与决策过程，有助于建立合作关系，并找到解决方案。

▶ 寻找双赢的解决方案

最终目标是找到一个双方都能接受的解决方案，这可能需要双方都做出一些让步。

错误示例

> 如果你们部门不能满足我们的要求，我们只好去找别的部门合作了。

> 既然这样,那就不合作了。

这种威胁的方式不利于建立长期的合作关系。

正确示例

> 我明白我们都有各自的难处。我们共同探讨一个既能满足你们的需求,又在我们的能力范围内的解决方案如何?

> 可以,我们愿意探讨可能的合作方式。

提出一起寻找解决方案的建议,并表现出合作的态度,有助于双方建立更加稳固的合作关系。

结　语

通过上述案例,我们可以看到,处理冲突的关键在于如何通过有效的沟通找到一个双方都能接受的解决方案。处理冲突时,保持开放和合作的心态很重要,这样即便有了冲突,也能找到共赢的解决方案。

11 面对领导的嘲讽，请保持冷静与专业

妥善处理领导的嘲讽，是我们在职场中要面对的一大挑战。以下是一些实用建议，可以帮助大家以一种更加专业的方式应对这一挑战。

保持冷静与专业

在情绪激动时回应对方可能会加剧冲突。所以要先冷静下来，给自己时间去思考分析，从而以一种更有建设性的方式给予反馈。

理解背景

尝试从更宽广的视角理解领导嘲讽你的原因。这种理解有助于找到问题的关键。

[假设你在汇报工作时遭遇了领导的轻蔑。]

错误示例

> 您这样评价我的工作,真的很不专业。

> 你要学会接受批评。

这种直接且情绪化的反应可能会激怒领导,使问题变得更糟。

正确示例

> 我知道自己在工作中还有很多不足之处,请您具体指出哪些方面需要改进。

> 嗯,我觉得你可以在××××上做一些调整。

以这种方式应对领导的轻蔑,表明你愿意改进,同时礼貌地指出你希望得到具体建议而非空泛的批评。

▶ **表达感受,寻求解决方案**

使用"我……"这样的语句表达自己的感受,例如,"我感到……""我知道……""我理解……"。

举例说明对方的哪些行为或言论让你感到不舒服,这样对方也更容易理解你的想法。

让对方提出可以改进工作的具体建议,表明你愿意积极地解决问题。

▶ 寻求帮助与设定界限

如果直接沟通无效,不妨寻求人力资源部门或其他中立的第三方的帮助。同时,清晰地说明哪些行为是你无法接受的,这样有助于建立合理的职场界限。

▶ 记录下来

遇到不当行为时,记得要记录具体情况和日期,以备不时之需。

结　语

面对领导的嘲讽时,关键是要以冷静、专业的态度应对,促进自己的职业发展和保持心理健康,同时积极维护与同事之间的关系。如果不良的工作氛围严重影响了我们的工作或心理健康,寻找一个更加支持和尊重员工的环境可能是一个更好的选择。

12 面对员工的不满，请保持开放与理解

在职场中，领导者经常需要面对员工的不满。有效地处理员工的不满，不仅能解决员工不满的问题，还能增强团队的凝聚力。本节将通过具体的例子，展示如何以更加积极、具有建设性的方式沟通，处理员工的不满。

▶ 建立开放的沟通渠道

作为领导者，你要为员工提供一个能够自由表达不满和担忧的环境。自由和开放的沟通可以减少误会，并有助于找到解决方案。

▶ 理解员工的感受

当听到员工的不满时，你要做的是理解他们的感受。即使你不完全同意他们的观点，也要让他们知道你认真听取了他们的意见。

> **假设一个员工向你抱怨他被团队中的其他成员忽视或轻视。**

错误示例

忽略员工的抱怨,或者告诉他"没什么大不了的,你忍一下就好了"。这种反应可能会让员工感觉自己被边缘化了,反而会加深他的不满。

正确示例

首先,用同理心回应,比如,"在团队中感觉不被重视,你一定很有挫败感。"然后,探讨具体的事件,了解造成员工不满的原因,并一起寻找解决办法,比如,"你能举一个具体的例子吗?我们一起看看该如何改善这种情况。"

▶ 提供具体的反馈意见和解决方案

在理解员工的不满后,提供具体的反馈意见和解决方案至关重要。你要确保这些解决方案是切实可行的,并且让员工参与到解决问题的过程中来。

错误示例

提供模糊或泛泛的解决方案,比如承诺"我会处理这个问题的",但后续并没有采取行动。

正确示例

与员工一起制订一个清晰的行动计划,比如,"我会安排一次会议,讨论如何改善内部沟通。同时,我会与相关人员单独沟通,确保他们了解你的感受。"

结 语

　　面对员工的不满,关键是要通过开放和具有建设性的沟通方式来解决问题。这包括建立一个可以自由表达的环境,真诚地理解员工的感受,以及提供具体的解决方案。这样的方式,不仅能解决员工当前的不满,还能增强团队的信任和合作。

13 面对同事的抱怨，请保持倾听与中立

在职场上，人际关系中的挑战和困难是很常见的事情。如何应对这种情况，不仅考验你的沟通技巧，也关系到你能否保持职业素养和维护良好的工作关系。

▶ **了解真正的需求**

了解同事抱怨背后的真正需求很重要。有的可能只是想找一个倾听者，有的可能是想寻找解决问题的方案。在给予任何回应之前，要确保你了解他们的真正目的。

▶ **保持中立，寻找解决方案**

当面对同事的抱怨时，保持中立并引导对话朝着寻找解决方案的方向发展十分关键。

> 错误示例

加入抱怨的行列，或者直接否定同事的看法。例如，同事说："我真的受够了×××的工作方式，没有一点条理。"你回应道："是啊，我也觉得他很糟糕。"或者"你别这么想，他其实挺好的。"

> 正确示例

表示理解并提出开放式的问题，引导同事思考问题的解决方案。"听起来你在这个问题上感到很苦恼。你认为怎样可以改善这种情况？"

▶ 遵守职业道德和营造良好的职场环境

当面对同事的抱怨时，遵守职业道德和营造良好的职场环境至关重要。

> 正确示例

如果同事抱怨的事是普遍存在的问题，那就与同事一起探讨可能的解决办法，并在适当的时候向领导提出建议。"我觉得应该有一些好办法可以帮助团队改善工作流程。我们可否整理一下这些建议，然后找一个合适的时机向领导反映一下？"

通过以上方式，你不仅能帮助同事有效地处理他的抱怨，还能营造一个更加健康的职场环境。

结 语

在职场这个充满挑战与机遇的环境中,如何应对同事的抱怨不仅是一个沟通的问题,更是一个关乎职业素养与团队和谐的重要课题。通过倾听理解、保持中立、鼓励正面交流以及积极寻找解决方案,我们不仅能帮助同事处理他们所面临的问题,还能为营造一个积极、高效的工作环境贡献自己的力量。

Part 3

探索全新的沟通方式，复杂对话简单说

01 信任是沟通的土壤，可以提升说服的效率

具有影响力和说服力的关键在于建立信任。这不仅是个人魅力的体现，更是专业能力和个人品德的综合体现。一旦建立信任，说服他人就会变得更加有效。

▶ 真诚的重要性

真诚是建立信任的基础。通过主动分享成功和失败的经验，你可以展现自己的真实性和可靠性，使他人更愿意信赖你。

▶ 一致性与可靠性

人们倾向于信任言行一致、可靠的人。因此，要确保你的言行一致，既然承诺了就必须做到。小到准时参加会议，大到按

时完成任务，这些行为都在逐步构建你的可靠性。

> **专业能力与持续学习**

专业知识是建立可靠性的另一个关键要素。深入了解自己的领域，持续学习新知识和新技能，不仅能提升你的专业能力，还能增强他人对你的信任感。分享知识和经验，帮助他人解决问题，可以进一步提升你的影响力。

[假设你正在尝试说服管理层采纳一个新的项目方案。]

错误示例

　　隐藏关键信息，只分享对方想听的内容，或者夸大该方案的优势，以博取支持。

正确示例

　　全面地介绍项目方案，包括潜在的挑战和风险，以及你准备如何应对。同时，展现你对该领域的理解和对该方案一定会成功的信心，分享过去成功的相关经验。

　　通过这种方式，你不仅展示了项目的全貌，也展示了自己的专业性，这样更容易赢得领导的信任和支持。

结 语

建立信任是一个长期的过程,它要求个人保持一致性、可靠性和专业知识的更新。这种信任一旦建立,便为有效沟通和发挥影响力奠定了坚实的基础。通过不断地实践这些方法,我们将建立起强大的影响力和说服力。

02 使用"我们"而不是"我"或"你",可以拉近距离

建立良好的人际关系,对于有效沟通和团队合作至关重要。使用"我们"而不是"我"或"你",可以在无形中拉近彼此的距离,营造合作的氛围。这一节将通过具体例子,向大家展示如何通过语言加强团队成员之间的联系。

▶ 强化团队意识

在沟通时使用"我们"而不是"我"或"你",会自然地将对话性质从可能的对抗转变为合作。这种小小的语言上的改变能够显著提升团队的凝聚力。

[假设 A 正在和同事 B 讨论项目截止日期和任务分配的问题。]

错误示例

A：你需要加快速度完成你那部分工作，我不能总是等你。

B：我已经尽力了，只是你没有给我足够的时间。

这种对话容易引起对方的对立情绪，阻碍有效沟通。

正确示例

A：我们怎样才能一起按时完成任务呢？我想听听你的建议。

B：如果能重新分配任务，我相信我们都能更有效率。

通过使用"我们"，A 表达了合作的愿望，并邀请 B 共同寻找解决方案，从而使互动和合作变得更积极有效。

▶ 促进共同目标的实现

将注意力集中在共同目标而不是个人责任上，可以帮助团队成员优先考虑团队利益，而不是个人利益。

> **假设项目马上面临截止日期，需要团队成员共同努力来完成任务。**

错误示例

> 你的工作进度拖慢了整个项目，你必须加快速度。

> 我已经尽力了，只是你们给我的时间太短了。

这种交流方式可能会导致团队内部关系更加紧张。

正确示例

> 我们面临一些挑战，可能会影响项目完成时间。我们现在一起讨论一下下一步该怎么安排。

> 好的，我们一起看看怎样分配资源才能最有效地完成我们的任务。

在正确示例中，A 通过强调"我们"的共同目标，营造了一个更加合作的工作环境。这种方法鼓励团队成员共同面对挑战，寻找解决方案，而不是彼此指责。

结　语

　　使用"我们"而不是"我"或"你",是一种高超的沟通策略,能够促进团队合作、提升团队凝聚力,并推动共同目标的实现。这种小小的语言上的改变能够在沟通中产生巨大的正面影响,使团队成员的关系更加和谐。

03 找到共同点，让对话更有感情

在沟通中，建立共鸣不仅是赢得同事和上级信任的关键，也是有效说服他人的第一步。共鸣意味着能够与他人在情感或思想上找到共同点，从而实现更深层次的理解和合作。

▶ 了解对方的需求和动机

成功的沟通始于真正了解对方的需求、期望和动机。这需要超越表面的交流，深入了解对方的真实想法。通过提问、倾听和观察，你可以更好地了解对方的立场，从而调整你的沟通策略，以便更好地与之共鸣。

▶ 有效的共鸣技巧

展现同理心：当对方分享观点或表达情绪时，你要展现出你能够从他们的视角看待问题的能力。

使用共通的语言： 调整你的表达方式，使之更符合对方的语言习惯。

共享经验： 分享自己的相关经历或故事，增强双方的关系，建立情感共鸣。

[假设你正在尝试说服团队采纳一个新的项目管理工具。]

错误示例

> 我们必须尝试一下这个新工具，因为我们现在使用的工具太落后了。

这种表达方式可能会让团队成员感到他们当前的工作方法被轻视了。

正确示例

> 我注意到我们在项目管理上遇到了一些挑战，特别是在资源分配和进度跟踪方面。我发现了一个更好用的工具，它可以帮助我们解决这些问题。你们可以尝试一下。

这种表达方式首先承认了团队当前面临的挑战，并提出了一个可能的解决方案，然后邀请团队成员参与讨论，这样更有可能产生共鸣。

▶ **反馈的重要性**

在建立共鸣时,积极寻求和利用反馈是至关重要的。反馈不仅可以帮助你调整沟通策略,确保信息的有效传达,还可以增进双方的了解。

收集反馈: 定期询问对方的意见,可以帮助你了解共鸣的程度和需要调整的地方。

行动反馈: 收到反馈后采取相应的行动,表明你重视对方的意见,这本身就是一种建立共鸣的行为。

> **结 语**
>
> 建立共鸣是沟通过程中不可或缺的一环。通过展现同理心、使用共通的语言和分享经验,我们可以更有效地与他人建立联系,促使沟通顺利进行。记住,真诚的态度和开放的心态是建立共鸣的基石,这不仅能帮助我们获得成功,还能使我们在日常生活中与他人建立更深层次的人际关系。

04 了解对方真正想要的，说服就不难了

在沟通中，能够精准地把握并满足对方的需求，是让信息更加有效传达的关键。每个人都希望被理解，当我们沟通的内容能够直接响应对方的需求时，自然可以引起对方的兴趣。

▶ 了解需求的重要性

在开始任何沟通之前，花时间去了解对方真正关心的是什么至关重要。其中，不仅包括具体的项目需求，还包括情感需求、职业发展需求等。这样的深入了解能够帮助我们在与对方沟通时更加有针对性，从而提高沟通效率。

▶ 如何发现对方的需求？

倾听和观察： 积极倾听，不仅听对方说什么，还要注意对方的非语言信号，如肢体语言、面部表情等。

提问： 适时地提出开放式问题，鼓励对方分享更多信息，例如，"你对这个方案有什么具体的期望？"或者"这个项目中最让你担忧的部分是什么？"

反馈： 在沟通过程中，适时给予反馈，以便确认你已经正确理解了对方的需求和期望。

> 假设你正在与一个客户讨论一个新的项目方案。客户对项目能否成功非常关心，但同时也担心成本和时间问题。

错误示例

直接讨论方案的细节，强调技术性能和创新点，而忽略了客户对成本和项目时间线的担忧。

正确示例

在讨论方案之前，首先明确表示理解客户对成本和项目时间线的担忧，例如，"我明白您对成本和项目时间线的担忧，那我们就从如何在保证项目质量的同时有效控制成本和按时完成项目开始讨论。"然后，根据客户的具体需求调整方案。

通过这种方式，你不仅表现出了对客户的理解和尊重，还通过具体的解决方案满足了这些需求，从而大大提高了沟通的效果和客户的满意度。

结 语

沟通不仅是信息的传递,更是需求和期望的交换。通过将沟通内容与对方的需求紧密联系,我们不仅能有效传递信息,还能促进双方的关系,争取更多的合作机会。记住,当我们的话能够触及对方的核心需求时,对方自然愿意倾听。

05 触动人心,从顾及对方的感受出发

在沟通中,表达自己想法的同时还能顾及对方的感受是一种高级的沟通技巧。它不仅有助于建立和维护人际关系,还能有效提升个人价值和影响力。以下是如何在沟通中使用这一沟通技巧的策略。

▶ 理解并尊重对方的情感需求

每个人都希望被理解和尊重,了解对方的情感需求是顾及他人感受的第一步。这意味着在沟通前,要尝试从对方的角度考虑问题,并预测他们的反应。

▶ 展现同理心

同理心是将自己置于他人的位置,理解他们的观点和感受。在沟通中展现同理心,可以帮助我们更加精准地传递信息,同时降低误解和冲突的可能性。

[假设在团队会议上，一位团队成员提出了一个不是很成熟的想法。]

错误示例

> 这个想法根本不可行，你怎么会想出这种馊主意？

正确示例

> 我觉得这个想法很有创意，但需要进一步考虑其实施的可行性。我们可以一起探讨一下它可能面临的挑战和解决方案。

正确示例中的方式不仅避免了伤害对方的自尊心，还鼓励了团队成员之间的合作，同时也展示了你作为一位考虑周全和具备同理心的团队管理者的形象。

▶ **给予有效的反馈**

给予反馈是沟通中的一个重要方面。有效的反馈应该是具体的、建设性的，并且是以一种鼓励和支持的方式给予的。

[假设你正在评估一位同事的项目报告。]

错误示例

你这份报告写得很糟,我不知道你到底有没有花时间在这上面。

正确示例

我看到你在报告中投入了很多时间。不过,我认为如果你能在数据分析部分添加更多的细节,可能会使报告更加有力。

这种方式不仅提供了具体的建议,也表达了你对对方工作的认可,有助于增强团队的凝聚力和共同目标感。

结 语

从顾及对方的感受出发的沟通方式,不仅能建立更加和谐的工作环境,还能树立良好的和尊重他人的个人形象。通过实践这些技巧,我们不仅能更有效地表达自己的想法,还能提升个人和团队的整体表现。

06 用事实说话，让论据支撑你的论点

在沟通中，有效的说服依赖强有力的论点，强有力的论点则需要确凿的论据作为支撑。使用论据能够提升你的说服力，使你的论点更加令人信服。

▶ 为什么论据如此重要？

论据是论点的基石，它能够给你的论点提供有效的支撑，让你的论点更加有说服力。在沟通中，无论是在日常对话、会议讨论，还是在正式的演示中，合理使用论据都能帮助你提高说服效果。

▶ 如何有效使用论据？

选择相关性强的论据：确保你提供的论据与你的论点紧密相关，能直接支持你的论点。

论据来源多样化： 使用不同类型的论据，如统计数据、案例研究、专家观点、历史事实等，可以增加你论点的深度和广度。

清晰呈现论据： 在使用论据时，清晰地说明论据如何支持你的论点，避免使听众感到困惑。

> 假设在一次团队会议中，你需要说服团队接受一个新项目。

错误示例

> 我认为这个项目很有前景，可以尝试一下。

这种说法缺乏具体论据，仅仅基于个人感觉，无法有效地说服听众。

正确示例

> 市场分析报告显示，目标客户群对这类产品的需求增长率预计将达到 20% 以上。此外，竞争分析报告显示，我们的核心竞争力正好能够填补市场上的空白。因此，我们很有必要推进这个新项目。

正确示例中的说法通过引用具体的市场分析和竞争分析数据，有效地提升了项目的可行性。

结 语

在沟通中，使用论据是提高说服力的关键。选择相关、有力的论据，并以清晰的方式呈现，可以帮助我们构建更加有说服力的论点。记住，好的沟通不仅是传递信息，更是有效地让这些信息被接受和理解。使用论据，可以大大提高我们的说服力。

07 用问题引导对话，尝试开放性的沟通

在沟通中，用问题引导对话是非常有效的技巧，它能够促使双方深入了解彼此，以便找到有效的解决方案。通过提出恰当的问题，你可以激发对方的思考，同时表现出你对问题的关注。此外，利用问题引导对话，可以让对方意识到问题的存在以及解决问题的必要性，从而更容易接受你的建议。

▶ 精心设计的问题

设计的问题应当旨在打开对话，而不是将其关闭。开放式问题鼓励分享更多信息，而封闭式问题则适合确认具体细节。提出恰当的问题，可以引导对话走向深入。

▶ 提问的艺术

有效的提问不仅仅是问问题，更重要的是如何问。提问的方式应当体现出对对方的尊重，避免使对方感觉被审问。通过

巧妙引导，我们可以促使对话在不引起对方防御的情况下深入进行。

[**假设你是一个项目经理，你需要询问团队成员项目进度，同时又不想让他们感到压力。**]

错误示例

> 你为什么还没有完成这项任务？

这种提问方式直接且带有指责的语气，可能会导致团队成员感到被攻击，进而引起防御性回应。

正确示例

> 你在项目完成过程中遇到了哪些挑战？

这种提问方式展现了对团队成员当前处境的同理心，同时打开了对话的空间，而不是仅仅关注任务是否完成。

[**假设你想向别人提出改进建议。**]

错误示例

> 你下次可以不这么做吗？

这种方式可能会让人感觉自己的方法完全错误，从而引起抵触情绪。

正确示例

> 我觉得如果我们尝试换一种方法，可能会有不同的效果。你觉得呢？

这样的提问不仅体现了对对方的尊重，也为共同探索更好的解决方案提供了可能。

> 假设你想说服团队采纳一个新的项目管理工具，来提高工作效率和团队协作能力。

错误示例

> 我们应该开始使用 ×× 工具，它比我们现在的工具好用多了。

（直接对团队成员说）

这种沟通方式可能会引起团队成员的抵触，因为团队成员可能对改用其他工具持保守态度，或对新工具的使用有所顾虑。

正确示例

> 你们有没有觉得我们当前的项目管理工作中有一些痛点，影响了工作效率？

（团队成员之间讨论）

> 我最近发现了一个名为××的项目管理工具，它在许多方面都有所改进和创新，我认为它可能会帮助我们更好地协作和提高效率。你们有兴趣可以试用一下，看看是否能满足你们的需求。

（然后说）

  这种提问方式体现了开放和包容的态度，鼓励团队成员自己探索并评估新工具的价值，而不是把自己的观点强加给别人。

结　语

  问题导向的沟通策略能够有效地促进信息的传递和问题的解决。这种沟通策略的关键在于，通过提问来引导而不是指责，通过开放性的对话来探索解决方案而不是强行灌输自己的观点。这种方式不仅能营造更加积极的沟通环境，还能促进团队协作，鼓励团队成员去创新。在沟通中，学会巧妙地提出问题，将大大提升沟通的效果和团队的整体表现。

08 提前准备并预测反驳观点，展现你的专业素养

在沟通中，具备说服力是一项关键技能。为了更有效地说服他人，提前准备并预测可能的反驳观点是展现你专业素养的绝佳方式。这不仅显示了你对该话题的全面理解，也体现了你对对方的尊重和理解。

▶ **提前准备并预测反驳观点**

提前准备并不意味着你准备与对方对抗，而是表示你已经考虑了各种可能，并准备了相应的回应。这种方法能够有效地提升你的说服力，因为它证明了你的观点是经过深思熟虑的。

▶ **了解你的听众**

提前准备始于你了解你的听众。不同的听众可能会有不同的

问题。深入研究这些问题，并准备有针对性的回答，能够帮助你更有效地说服他们。

> 假设你正在向管理层提议实施一个新的工作流程，旨在提高团队协作效率。你知道一些管理者可能会考虑变革成本和员工适应性。

错误示例

> 这个新的工作流程会极大地提高我们的效率，所以我们应该立刻实施。

这种表达方式仅简单强调新工作流程的好处，而忽略了潜在的挑战和担忧。

正确示例

> 我了解到对于新工作流程的实施，大家可能会有成本和员工适应性的担忧。为此，我们已经进行了详细的成本效益分析，并制订了一个不同阶段的培训计划，以确保每位员工都能顺利适应新流程。

这种表达方式的好处在于明确提出可能的反驳观点，并提供事先准备好的解决方案。通过这种方法，你不仅回应了听众可能的担忧，还表现了你对实施新工作流程的细节的关注，从而提升了你的说服力。

结 语

提前准备反驳观点不仅仅是一种沟通技巧,也是一种表现我们对话题深入了解和对听众尊重的方式。通过认真准备,我们不仅能更有效地应对挑战,还能树立深思熟虑、专业且有说服力的沟通者的形象。这样的准备不仅能增强我们的说服力,还能帮助我们在复杂的环境中,更有效地推动变革和创新。

09 即使是坏消息,也能说得让人容易接受

在职场中,向领导报告坏消息是一件令人棘手的事情。如何在传递坏消息的同时,帮助领导保持冷静,并共同寻找解决方案,是职场人需要掌握的技能。

▶ 准备与呈现

准备工作至关重要。在向领导报告坏消息前,收集所有相关的事实和数据,并思考可能的解决方案。这样不仅表现出你对问题的全面了解,还能表明你积极解决问题的态度。

▶ 控制情绪,确保用词准确

在传递坏消息时,保持冷静和专业很关键。你的态度可能会

影响领导的反应。因此,要确保用词准确,避免使用可能引发强烈情绪反应的言辞。

[假设项目延期,你需要向领导报告这一坏消息。]

错误示例

> 领导,我们遇到麻烦了,项目可能要延期了。

> 怎么回事?你们制订的这是什么计划?

这种表达方式充满了消极情绪,并且没有提供任何解决问题的方案,很容易让领导感到焦虑和不安。

正确示例

> 领导,我想跟您汇报一下项目的最新进展。我们遇到了一些挑战,特别是在××部分,导致项目可能会延期。我们已经分析了原因,并准备了几个可能的解决方案。请问,您何时方便讨论这些方案?

> 好的,我明白了。你先把你的分析和方案发给我,我会尽快安排时间讨论。

在正确示例中,你明确指出了问题所在,表明你已经在积极寻找解决方案,这有助于缓解领导的焦虑,同时也

展示了你解决问题的能力。

> **结　语**
>
> 　　向领导报告坏消息需要高超的沟通技巧，它要求我们直面问题，保持积极的态度。通过充分准备、清晰表达、控制情绪，并提前思考解决方案，我们可以更有效地传递坏消息，同时帮助领导保持冷静，共同面对挑战。这不仅有助于解决问题，还能提升我们在领导心目中的专业形象，增强领导对我们的信任。

10 多问几次，逐层深入，找到问题的根源

当遇到问题时，深入挖掘，找到根本原因，才是解决问题的关键。注意，在询问原因时，不要频繁使用"为什么"，因为一直被追问"为什么"会使对方产生压迫感。使用"……的原因是什么？"这种句式，可以帮助我们逐层深入，直至找到问题的根源。

▶ "询问五次原因"的力量

"询问五次原因"是一种简单且高效的解决问题的方法。通过连续询问原因，我们可以逐步找到问题的因果链，直至找到根本原因。这种方法特别适用于解决复杂问题，能够帮助团队避免治标不治本的情况发生。

[假设项目延期,团队需要找到延期的根本原因。]

错误示例

A:项目延期了,全是因为开发团队不够努力。

B:我们已经尽力了,只是因为技术难题太多。

这种情况下,A 忽略了问题背后的深层原因,直接归咎于团队成员不努力。这不仅解决不了问题,还可能影响团队士气。

正确示例

A:项目延期的原因是什么?

B:是因为我们在开发过程中遇到了技术难题。

A:遇到这个技术难题的原因是什么?

B:是因为在项目初期我们没有充分评估技术的可行性。

A: 没有充分评估技术的可行性的原因是什么?

B: 是因为我们缺乏相关领域的专业知识。

A: 缺乏相关领域的专业知识的原因是什么?

B: 是因为我们没有在团队中引入或咨询相应的专家。

A: 没有引入或咨询相应的专家的原因是什么?

B: 是因为我们在项目规划阶段未意识到会有这个需求。

通过五次询问原因,团队最终找到了项目延期的原因,于是便能针对此原因寻找解决方案。

结　语

　　使用"……的原因是什么?"这种句式能够帮助我们找到问题的本质，避免做出不准确的判断。这一方法不仅适用于管理项目，也适用于解决日常问题。关键在于保持开放的心态，不断追问，直至找到真正的解决问题之道。通过这种方法，我们可以更高效地解决问题，促进团队合作，提高工作效率。

11 将危机化为转机，体现你的应变能力

在工作中，遇到危机是不可避免的，无论是内部因素还是外部因素，危机都可能会对组织造成严重影响。然而，通过有效的沟通策略，我们可以预防危机的发生，或者在危机发生时降低其影响。

▶ 预防策略

建立危机预警系统： 定期进行风险评估，通过监控关键性能指标和市场动态，及早发现可能导致危机的迹象。例如，客户满意度下降或员工离职率上升等都可能是潜在问题的预警信号。

制订危机应对计划： 预先制订详细的危机应对计划，包括危机沟通团队的组成、沟通渠道的选择、关键信息的传达策略等。这样在危机发生时，组织可以迅速采取行动。

▶ **应对策略**

快速响应：当危机发生时，清晰、及时的沟通至关重要。确保所有团队成员都了解发生了什么，以及他们应该采取什么行动。不及时响应可能会导致情况恶化。即便是发布一则简单的"我们正在评估情况，并将尽快提供更多信息"的声明，也比保持沉默有效。

保持信息透明和公开：在危机沟通中保持信息透明和公开，有助于建立公众对组织的信任。避免掩盖事实或提供错误信息，这样的行为最终会损害组织的声誉。

使用多渠道沟通：通过多个渠道（如社交媒体、官方网站、新闻稿等）传达一致的信息，确保可以覆盖到不同的受众群体。

▶ **面对突发事件如何沟通**

[公司遭遇了重大数据泄露，员工 A 和 B 讨论如何向客户交代。]

错误示例

A：我们应该怎么办？如果我们承认数据泄露，公司的股价肯定会暴跌。

> 我觉得我们应该隐瞒此事,至少要等到我们找到解决方案再告诉客户此事。
> —— B

正确示例

> A ——我们需要立刻制订一个沟通计划,先确认哪些信息是可以公开的。

> 对,我们还应立即通知受到影响的客户,并提供解决方案。同时,公开我们的应对措施和未来的预防策略。
> —— B

内部出现危机如何沟通

> 公司内部出现了严重的冲突,已经威胁到了项目的完成。

错误示例

> A ——你听说了吗?项目组内部的冲突越来越严重了。

> 是啊,别管他们,让他们自己解决吧。
> —— B

Part 3　探索全新的沟通方式,复杂对话简单说　　123

正确示例

A：对于项目组内部的冲突，我们需要立即介入。先尽快安排一次会议，让双方都有机会说出自己的想法。

B：同时，我们还应该邀请人力资源部门的专业人员参与，提供一个调解方案。另外，制订一个明确的行动计划，避免未来再发生类似的冲突。

结 语

通过以上示例，我们可以看到，无论处理的是内部危机还是外部危机，公开透明、积极寻求解决方案的态度都是十分关键的。有效的危机沟通不仅能帮助组织解决当前的问题，还能增强团队的凝聚力，提升组织的公信力，为未来可能出现的危机提供更好的预防策略。

12 从危机中走出来，正确地沟通很重要

一个重大项目的失败、一个重要客户的流失……都可以算作一次危机。然而，出现危机并不可怕，关键是我们如何及时沟通并从中走出来。以下是一个关于危机沟通的案例分析，它展示了正确的沟通策略是如何帮助一个企业从危机中走出来的。

> 某技术公司在发布了一款备受期待的新产品后遭遇了危机。产品在市场上的表现远远低于预期，导致股价下跌和客户信任度下降。公司内部士气低落，对公司未来的信心不足。

正确示例

透明与真诚：公司高层立即召开全体员工大会，坦诚地讲述了当前的情况、面临的挑战和可能产生的后果。他们承认产品确实存在问题，并明确表示正在积极寻找解决方案。

持续沟通：在处理危机的过程中，公司通过内部新闻

资讯和定期会议保持开放的沟通渠道，确保每个员工都能了解最新的发展情况和公司的应对措施。这种持续的沟通可以帮助企业减少不确定性，增强员工的信心。

　　客户沟通： 公司通过社交媒体平台和邮件向客户说明情况，承诺将解决产品问题，并提供补偿措施。这种主动和积极应对的态度帮助公司重建了客户的信任。

　　积极行动： 公司不仅在沟通上采取了积极措施，还迅速成立了一个专门的团队来解决产品的具体问题，同时对产品进行了优化和更新。

　　通过这一系列的沟通策略和行动，公司逐渐恢复了内部的稳定和外部的信任。几个月后，改进后的产品重新获得市场的认可，公司的股价和声誉也恢复了。

结　语

　　这个案例显示了在危机沟通中，保持透明、真诚和持续沟通的重要性。有效的危机沟通，不仅能帮助企业缓解当前的危机，还能增强客户的信任度和员工的忠诚度。从危机中走出来的关键在于要认识到沟通的力量，并采取积极的措施来重建信任。

13 真诚地道歉，让客户从不满到满意

处理客户投诉是一项具有挑战性的任务，特别是需要向客户道歉时。正确的道歉方式可以化冲突为机遇，重建信任，而错误的道歉方式则可能加剧矛盾。以下是在面对客户投诉时如何道歉的一些实际应用的例子。

诚恳与具体

正确的道歉方式需要针对具体问题诚恳地道歉。这意味着你需要明确说出自己道歉的原因，承认错误，并提出解决方案。

错误示例

> 如果您觉得我们的服务不好，我们向您道歉。

> 我的问题不止是你们服务不好这么简单，你们把我的订单完全弄错了！

正确示例

> 我们真诚地为您收到错误的订单而道歉。这是我们的失误,给您带来了不便。我们会立即重新发出正确的订单,并承诺您不会为此承担任何额外的费用。

▶ 积极的解决方案

仅仅道歉通常是不够的,一般来说需要你提供一个积极的解决方案,以表现你的诚意,并且证明你有能力纠正错误。

错误示例

> 发生了这种问题,我们很抱歉,希望您能理解。

> 光道歉有什么用,问题还是没有得到解决。

正确示例

> 给您造成不便,我们深感抱歉。为了纠正这个错误,我们将立即为您重新发货,并赠送您一张优惠券用于您下次购物。此外,我们将跟踪此次发货情况,确保您能够尽快收到正确的商品。

> 避免无谓的辩解

在道歉时，尽量不要辩解，会让客户觉得你是在找借口或推卸责任。客户寻求的是解决方案，而不是听你说借口。

错误示例

之所以出现这种错误，是因为我们的供应商出了问题，这不完全是我们的责任。

但我是从你们这里购买的产品啊，你们不要推卸责任。

正确示例

对于给您带来的不便，我们深感抱歉。我们正在采取措施纠正这一错误，并保证将来不会再发生类似情况。

结 语

处理客户投诉时的道歉，应当诚恳、具体，同时提供明确的解决方案。这种沟通方式，可以将危机转化为再次建立信任的机会。记住，最好的道歉方式是通过行动证明我们的诚意和改进的决心。

14 犯错不可怕，重要的是你如何应对它

我们每个人都不可避免地会犯错。如何面对并检讨自己的过失，不仅关系到个人的成长，也直接影响团队的效率。通过下面的例子，我们可以看到在面对过失时，不同的处理方式所带来的不同影响。

▶ 要直面错误

错误发生后，第一步是认识到自己的错误并接受它。否认或逃避不仅无法解决问题，还会损害你在团队中的信誉。

错误示例

> 你在报告中提供的数据不对，导致我们给客户提供了错误的信息。

> 那不是我的错，是数据来源的问题。我只是根据那些数据写了这份报告。

> **正确示例**
>
> 你在报告中提供的数据不对,导致我们给客户提供了错误的信息。
>
> 抱歉,这是我的疏忽,我没有仔细核对数据来源。我会立即纠正错误,并总结经验,避免此类问题再次发生。

▶ 分析原因,避免犯同样的错误

承认错误之后,重要的是分析导致错误产生的原因,并制订计划以避免出现同样的错误。

> **错误示例**
>
> 你需要找出报告错误的原因,确保不会再次发生。
>
> 嗯,我以后会小心的。

> **正确示例**
>
> 你需要找出报告错误的原因,确保不会再次发生。

> 我知道了。我认为这次犯错的原因是我没有对数据进行双重验证。为了防止这种情况再次发生,我计划设置一个数据验证流程。

▶ 从错误中学习,并将其转化为成长的机会

每个错误都是成长和学习的机会。正确的态度和行动,可以将错误转化为个人和团队成长的契机。

错误示例

> 希望你能从这次错误中学到东西。

> 我知道了,以后会尽量避免。

正确示例

> 希望你能从这次错误中学到东西。

> 这次的经历让我看到了自己的知识盲点。我计划参加下个月的数据管理培训课程,以提升专业技能。

结 语

其实，检讨自己的过失并不容易，它需要我们有承认错误的勇气。然而，直面错误，从错误中学习，不仅能帮助我们个人成长，还能提升团队的凝聚力，增强团队成员对我们的信任。记住，最重要的不是我们犯了什么错，而是如何应对这些错误。通过真诚的沟通，我们可以将错误或过失转化为成长的机遇。

15 员工犯错时,领导者要专注于问题本身

在职场中,每个人可能都会犯错。员工犯错时领导者的应对方式,不仅会影响团队的工作氛围和员工的成长,还会对领导者的决策效果和团队的绩效产生重大影响。以下是一些具体的例子,供大家参考。

▶ **专注于问题本身,而不是人**

当员工犯错时,好的领导者会专注于问题本身,而不是犯错的人。

错误示例

A:每次都是这样,你是怎么回事啊?

B:对不起,我……

> **A：** 我不想听你的借口……

在这种对话中，A 的指责让 B 感到羞愧，不利于问题的解决和员工个人的成长。

`正确示例`

> **A：** 最近，我们的项目遇到了一些问题，我想和你讨论一下，看如何解决它。

> **B：** 都是我的错，真的很抱歉。

> **A：** 工作中的小失误是难免的。我们一起看看出了什么问题，并找到解决方案，以后尽量避免类似的错误发生。

这是一种具有建设性的沟通方式。它聚焦于解决问题而不是强调个人的错误。

▶ 提供具体的反馈和解决方案

针对员工的错误，领导者应该提供具体的反馈意见和解决方案，而不是停留在抱怨和指责上。

错误示例

A：你的报告里充满了错误，看起来你根本没有认真对待。

B：我已经检查过了。

A：下次提交之前你再仔细检查一遍。

A 的这种反馈既不具体也没有给 B 提供任何帮助，因此 B 不知道应该如何改进。

正确示例

A：在你的报告中，我看到有几处数据不一致。比如在第三页，关于销售额的数据和我们记录的数据不一致。

B：是的，我已经意识到了这个错误。

A：以后你要仔细核实数据源，确保报告的准确性。另外，你可以尝试使用数据校验工具来帮助你核实数据源。

这种方式不仅提供了具体的反馈意见，还帮助 B 分析了问题所在，并提出了改进的方法。

鼓励学习和成长

领导者应该将员工的错误视为其学习和成长的机会，而不是其失败的标志。

错误示例

A：你每次都出错，以后我怎么敢把重要的任务交给你。

B：对不起，以后我会尽力做好的。

这种沟通方式会使 B 感到沮丧和无助，缺乏改进和成长的动力。

正确示例

A：这次的错误或许能让你学到一些东西。我知道你有能力做得更好，所以你要吸取这次的经验教训，并从中学习成长。

B：谢谢您的信任，我会从中吸取教训的。

这样的沟通方式不仅给了 B 改进的动力，还促进了他个人的成长和发展。

结 语

通过错误示例和正确示例的对比，我们可以看到有效沟通在处理员工犯错时的重要性。领导者通过提供具有建设性的反馈、专注于解决问题而不是指责，并且鼓励员工学习和成长，可以将错误转化为个人和团队发展的机遇。

Part 4

沟通实战演练,让你在不同情境中游刃有余

01 领导者要与年轻员工建立连接

在现代职场中,领导者与年轻员工之间的有效沟通至关重要。代沟可能会导致理解上的偏差和沟通障碍,但通过使用适当的方法和技巧,领导者可以架起沟通的桥梁,促进团队的协作,增强团队的凝聚力。

▶ **认识到代沟的存在**

由于年龄的差距,不同时代的人会在价值观、个人偏好、工作态度和技术熟练度等方面存在差异。领导者首先要认识到这些差异的存在,然后采取措施来减少这些差异,以便在工作中更深入地沟通。

▶ **建立连接的策略**

表现出真正感兴趣:对年轻员工的兴趣爱好和职业发展,表现出真正感兴趣,这样不仅可以增加彼此的了解,还可以建立信任。

找到适合年轻员工的沟通渠道：了解并使用年轻员工偏好的沟通工具和平台，如即时通信软件、社交媒体等，以更自然的方式进行交流。

分享经验和知识：领导者应当以分享个人经验和知识的方式，促进双向学习和成长，而不是仅从权威者的角度指导年轻员工。

[**假设你是一位领导者，你想和团队中的年轻人闲聊，以便了解他们对工作和团队的看法。**]

错误示例

年轻员工：我最近在思考是否可以优化我们的工作流程。

领导者：年轻人总想尝试新鲜事物，但我们的经验比你多，你应该先学习我们的方法。

正确示例

年轻员工：我最近在思考是否可以优化我们的工作流程。

领导者：真是个好主意！我很欣赏你主动思考的态度。你有什么具体想法吗？我们可以一起探讨一下。

在正确示例中,领导者对年轻员工的意见表现出了尊重,鼓励他们分享自己的想法,并愿意与他们进行探讨。这种沟通方式不仅有助于跨越代沟,还有助于增强团队成员之间的尊重和信任。

> **结 语**
>
> 领导者要想跨越代沟,与年轻员工进行有效沟通,需要尊重、理解和真诚。好的沟通策略和技巧,可以架起不同代际间的沟通桥梁,促进不同代际间的和谐共处,激发团队的创新潜力。

02 餐桌上的沟通，美食与美言同等重要

公司聚餐常被视为建立合作关系、增强团队凝聚力的机会。然而，在聚餐中选择合适的话题至关重要，因为它会直接影响员工对领导的尊重程度和好感度。以下是一些实用的建议，可以帮助领导在聚餐中通过合适的沟通方式提升员工对自己的好感度。

▶ 选择普遍感兴趣的话题

好的话题往往能够引起大多数人的兴趣。在选择话题时，领导不要讲述个人的创业史，把公司聚餐硬生生变成讲述个人英雄事迹的演讲，这样会很无聊，也不能让员工有参与感。不要在聚餐时批评指责员工。在聚餐时，领导要少讲话，把舞台让给员工，给员工更多表达自己的机会，营造轻松的氛围，这样才能增进团队成员之间的关系。不要讲过于专业或小众的话题，因为不是每个人都能参与其中。同时，确保选择的话题是积极和开放的，尽量避免谈论可能会引起争议的话题。

[假设 A 是领导，B 是员工，他们正在参加一场公司聚餐活动。]

错误示例

A：最近我们启动了一个新项目，市场反应非常好。这都是因为过去五年……我当初……（怎么努力，怎么辛苦）

B：这都是您的功劳。

在这个例子中，A 的表述过于以自我为中心，让 B 产生了排斥的感觉，对话的氛围也因此变得尴尬。

正确示例

A：最近有谁看过什么好电影吗？我想周末和家人一起看电影。

B：哦，我最近看了一个很棒的电影……
（团队成员开始分享自己看过的电影）

通过提出一个轻松和大家普遍感兴趣的话题，A 营造了一个开放、融洽的氛围，让每个人都有机会参与到对话中来。

▶ 避免谈论过于专业或小众的话题

错误示例

A：你们最近关注量子计算机的发展了吗？据我了解，使用超导量子位的技术已经有了新的突破。

B：啊，是吗？我不太懂这个……

正确示例

A：我最近读了一本关于团队合作的书，里面提到了一些非常有意思的团建活动。你们有没有兴趣尝试一下？

B：听起来很有趣，我们可以尝试一下。

▶ 避免谈论敏感话题，如政治、宗教和个人财务

错误示例

A：你们怎么看最近的政治局势？

……我不太关注这些。
B

（避免这样的讨论，因为担心观点不同可能会引起争议）

正确示例

A
最近有没有看过什么好的电影或者有趣的书？可以推荐给我吗？

我最近看了一部很棒的电影……
B

▶ **即使关心员工，也要避免谈论过度私人化的问题**

错误示例

A
你和你的伴侣最近怎么样？听说你们……

这个……我们挺好的。
B

（感觉个人隐私被侵犯了）

正确示例

A
你们都有哪些在工作之外放松的方式？

B: 我喜欢徒步和摄影,周末经常出去拍照。

▶ **鼓励开放和正面的沟通,避免负面评价**

错误示例

A: 我发现我们团队中有些人的工作效率不是很高。

B: 是吗?……
(感到不安和担忧)

正确示例

A: 我很欣赏我们团队中的每一个成员,你们每个人都为这个项目的成功做出了贡献。

B: 谢谢您的认可,我们会继续努力。

通过以上的例子,我们可以看出,领导在公司聚餐等非正式场合中,选择的话题和表达的方式对于提升团队凝聚力至关重要。

结　语

　　领导在公司聚餐中选择恰当的话题，不仅避免了潜在的争议和尴尬，而且促进了员工的积极参与，增强了团队的凝聚力。通过聚焦于共同兴趣、团队建设、个人成长等积极、开放的话题，领导可以表现出对员工的尊重和关心，进而增强员工的归属感和对领导的好感。此外，避免谈论敏感和过度私人化的问题，以及鼓励开放和正面的沟通，都是在聚餐中建立和维护良好关系的关键策略。总之，通过这些实用的建议，领导能够巧妙地提升团队凝聚力，为建立一个更加和谐、高效的工作环境奠定基础。

03 合适的时候聊聊私事,让关系更进一步

适当地分享私人话题可以增进同事间的关系,培养团队合作的默契。然而,找到合适的平衡点至关重要——分享过多可能会引起对方不适,分享不足则可能无法建立信任感。

▶ **建立连接的艺术**

人与人之间的连接往往源于共同的经历和感受。通过适当地分享私人生活的点滴,如爱好、假期经历等,可以让同事之间感到更亲近。

▶ **找到合适的边界**

明确何时分享,以及分享多少,是建立良好关系的关键。观

察他人的反应，寻找共鸣点，但也要注意不要过度侵犯他人的隐私，让对方感到不舒服。

[假设你想适当地拉近与同事的关系。]

错误示例

A：我听说你最近离婚了，发生了什么事？

B：……这个话题我不想谈。

这种直接涉及他人私生活的敏感话题，可能会让对方感到尴尬或不适，从而损害双方的关系。

正确示例

A：这个周末我打算去徒步。你有没有什么爱好？

B：我也喜欢户外活动，特别是骑自行车。

A：真的吗？下次我们可以一起去骑车。

在正确示例中，A 通过分享自己的爱好开启对话，这是一种合适的方式。当 B 回应时，A 则通过提出一起骑车的建议来加强两人之间的联系,这种方法增加了彼此的亲密感。

> **结 语**
>
> 通过适当地分享私人话题,我们不仅能建立更加亲密的关系,还能营造一个更加和谐的工作环境。关键在于找到其中的平衡点,确保既不过度分享以免使人不适,也不过于封闭以至于无法建立连接。随着时间的推移,通过细心观察,我们将能更好地掌握何时何地以及与谁分享,以此来增进人际关系。

04 精彩的演讲,需要精心准备和自然呈现

公开演讲是一项重要技能。无论是向客户介绍产品,还是在会议中分享项目进展,一个结构清晰的演讲能够有效传递信息,赢得听众的信任和支持。

▶ **明确演讲目的**

在准备演讲内容之前,要清楚演讲的目的。是为了传递知识、推销产品,还是说服听众接受某个观点?明确演讲目的,将有助于你决定演讲的内容和结构。

▶ **构建逻辑清晰的结构**

一个有效的演讲应该有清晰的开头、中间和结尾。

开头： 引起听众的兴趣，简要介绍演讲主题和目的。

中间： 围绕几个核心点展开，每个点都应该支持演讲的总目标。使用事例、数据和故事来增强论点的可信度和吸引力。

结尾： 总结演讲的关键点，并提供一个强有力的结论或行动号召。

有效的视觉辅助工具

视觉辅助工具，如幻灯片，可以帮助你阐述自己的观点，但应避免滥用。幻灯片应简洁明了，避免过多的文字或复杂的数据表格。使用图表、图片和关键词来助力你的演讲，而不是让听众阅读大量文字。

> **错误示例**
>
> 演讲开始时，直接介绍复杂的专业术语和数据，使听众难以迅速抓住主题，或者使用过多满载文字的幻灯片，导致听众注意力难以集中。

> **正确示例**
>
> 演讲一开始，用一个相关的故事或问题吸引听众的注意力，然后简要概述演讲的目的和结构。在演讲过程中，每介绍一个新的概念或数据，就用一个实际例子或简单的图表来增强理解和记忆。

结　语

优秀的公开演讲方式不是内容的堆砌，而是有效地组织和呈现这些内容，以便听众可以轻松理解和记忆。通过明确的演讲目的、逻辑清晰的结构和有效的视觉辅助工具，我们可以大大提升演讲效果，无论是小范围的会议还是大型的公开场合，我们都能自信地表达自己的观点。

05 演讲时的有效控制，可以将紧张转化为动力

在公众面前演讲往往伴随着一定程度的紧张感，这是非常自然的现象。然而，如何将这种紧张感转化为积极的能量，是每个演讲者都需要掌握的技能。本节就讲几个有效控制演讲时紧张的技巧。

▶ 理解紧张的来源

首先要认识到紧张是人类面对"被注视"时的本能反应，因为认识到这一点很重要。紧张和焦虑往往源于对失败的恐惧、对未知的担心，或是对自己的表现的过度关注。理解这一点，有助于我们从根本上认识并接受紧张是正常的、自然的情绪反应。

▶ 准备充分

充分的准备是缓解紧张和焦虑最有效的方法之一。比如，充

分了解你的演讲内容、听众和环境，运用彩排、模拟演讲和反馈来增加自信。充分准备还包括对技术设备的熟悉，确保演讲当天一切顺利。

呼吸和放松技巧

紧张时，深呼吸可以帮助我们放松。尝试在演讲前做几个深呼吸练习，使用腹式呼吸而不是胸式呼吸，可以有效缓解紧张情绪。此外，简单的拉伸和肌肉放松练习也能帮助我们减轻身体的紧绷感。

正面思维

将焦虑的能量转化为动力。积极的心理暗示，如告诉自己"我准备充分了""我能够做到"，可以增加自信。避免消极的自我对话，专注于即将实现的成功而非潜在的失败。

> **错误示例**
> 在心中不断重复"我不能出错"，这会增加紧张感，导致出现更多的错误。

> **正确示例**
> 在心中重复"我已经准备充分了，我可以做得很好"。在演讲前找一个安静的地方，闭上眼睛，进行几次深呼吸，想象自己正在演讲，观众正以热烈的掌声回应。

结 语

在公开演讲时紧张和焦虑是很常见的现象。然而，通过充分的准备、调整心态、有效的放松以及理解紧张的本质，我们可以将其转化为成功演讲的动力。记住，每次公开演讲的经历都是一次成长的机会，通过实践和经验积累，我们将越来越自信，更加从容地面对未来的挑战。

06 跨文化沟通，理解和尊重最关键

在全球化的商业环境中，跨文化沟通成了一个不可或缺的技能。理解文化差异，对于避免误解和冲突、促进团队协作具有重要意义。文化可以影响沟通方式、决策过程、时间观念等方面，因此，深入了解这些差异是实现跨文化沟通的关键。

▶ 文化差异的维度

沟通风格：沟通风格之间的差异是显而易见的。有的文化（如美国和德国）倾向于直接明了地表达意见和需求，而有的文化（如日本和韩国）则倾向于含蓄和间接的表达方式。

时间观念：在对时间的看法上，我们可以区分出线性时间观和循环时间观。线性时间观（如在美国和加拿大）强调时间表和截止日期的重要性，而循环时间观（如在印度和阿拉伯国家）则视时间为一个循环，更加强调人际关系的重要性。

权力距离：权力距离指的是社会成员对于权力分布不平等的容忍程度。在高权力距离文化（如中国和墨西哥）中，上下级关系较为明显，而低权力距离文化（如瑞典和新西兰）则鼓励平等和开放的沟通。

应对策略

文化自觉： 认识到每个人都是从自己的文化背景出发来看待世界的。通过学习和了解不同文化的基本价值观、信仰和行为习惯，我们可以更好地理解对方的行为和反应。

适应与调整： 在跨文化沟通中，关键在于能够根据对方的文化背景来调整沟通方式。

建立共同基础： 寻找和强调共同点可以帮助我们跨越文化差异，建立信任和理解。共同的目标、相似的经历或兴趣都可以作为良好沟通的基础。

> 假设你正在与一个跨国项目团队合作，团队成员拥有不同的文化背景。

错误示例

要求所有人遵循和你一样的时间观念。

正确示例

在项目开始时，就与团队成员讨论并明确时间管理的预期。同时，通过询问和倾听了解各自对于时间的看法，然后找到一个大家都能接受的时间节奏。

这样的策略，不仅可以减少因文化差异带来的误解，还能促进团队成员之间相互尊重和理解,为项目的成功奠定基础。

> **结 语**
>
> 　　理解和尊重文化差异,不仅能避免冲突,还能促进团队合作。通过持续的学习和调整,我们可以成功地跨越文化障碍,实现共赢。

07 有效的跨文化沟通，用这些策略就对了

在全球化的商业环境中，跨文化沟通是不可避免的。有效的跨文化沟通能够促进团队合作，提升创新能力，并建立稳固的国际合作关系。掌握跨文化沟通的策略，是一项很重要的技能。

▶ 认识并适应文化差异

了解不同文化之间的差异至关重要。文化差异不仅包括语言、礼节和传统习俗，还包括时间观念、权力距离、沟通风格等方面。深入了解这些差异，可以帮助我们更好地预测和理解对方的行为和反应，从而有效地调整自己的沟通方式。

▶ 有效的策略

开展文化敏感性培训： 企业可以提供文化敏感性培训，帮助

员工理解不同文化的价值观和沟通习惯。这种培训旨在增强员工的文化意识和适应能力，使他们能够更加尊重和理解多元文化背景下的同事和客户。

使用清晰和简洁的语言： 在跨文化沟通时，避免使用难以理解的行业术语、方言或含糊其词的表达。尽量使用简单、直接的语言，确保信息被正确理解。

掌握非语言沟通技能： 非语言信号（如肢体语言、面部表情和眼神交流）在不同文化中可能具有不同的含义。学习和理解这些差异，可以避免产生误解和出现沟通障碍。

积极反馈和澄清： 鼓励团队成员积极反馈，并在沟通过程中去澄清误会。

> 假设你正在与一个跨国团队合作，团队成员拥有不同的文化背景。

错误示例

在团队会议中使用大量俚语和方言，导致部分团队成员根本无法理解。

正确示例

在会议开始时，简要介绍每种文化的基本礼仪和习惯，使用全球通用的英语进行交流，确保每个成员都能理解和参与到讨论中。在开会过程中，使用视觉辅助材料和示例来强化沟通，同时鼓励团队成员提问和复述关键点，以确保信息被准确理解。

这样的做法，不仅能使团队内部有效沟通，还能增强团队成员之间的信任和尊重，为创造性解决方案和创新思维的产生提供肥沃的土壤。

结　语

有效的跨文化沟通，要求我们持续学习、适应并尊重不同的文化差异。通过采取有效的跨文化沟通策略，我们可以突破文化障碍，营造更加和谐与高效的沟通环境。

08 进行数字化沟通时，也要保持礼貌

在数字时代，电子邮件和社交媒体已经成为人们日常沟通的主要渠道。正确地使用这些数字化的沟通方式，可以提高工作效率，增强团队协作，同时也是建立个人品牌和网络影响力的重要手段。

▶ 电子邮件的沟通技巧

电子邮件是沟通中最常用的工具之一，掌握有效的沟通技巧至关重要。

主题行很重要： 清晰、具体的主题行可以让收件人对邮件的内容一目了然，从而提高邮件被查阅的概率。

正文简洁明了： 在正文中直接进入主题，尽量使用简短的句子和段落。如果需要提供详细信息，可以考虑添加附件或链接。

保持礼貌和专业： 使用合适的称谓，如"尊敬的""亲爱的"，以及结尾的"谢谢您"或"敬上"，这些小细节能够展现你的礼貌和专业性。

社交媒体的应用技巧

社交媒体不仅仅是个人生活的一部分,也是重要的沟通渠道和建立个人品牌的工具。

树立专业形象:确保你的社交媒体个人资料展现出专业的一面,比如在LinkedIn(领英)上分享与你的职业相关的文章、观点或讨论,可以提升你在行业内的专业度和影响力。

遵守网络礼仪:在线上的沟通和互动中,要遵守网络礼仪,尊重他人。避免发布或分享可能会损害你的职业形象的内容。

有效扩展职业网络:社交媒体提供了与行业内同行建立联系的机会。参与行业相关的讨论和活动,可以帮助你扩展职业网络。

> 假设你需要通过电子邮件通知团队变更一个项目,并希望在社交媒体上分享一篇行业相关的文章。

错误示例

电子邮件正文冗长、缺乏结构,主题行模糊不清;在社交媒体上发表与工作无关的个人言论,不注重维护职业形象。

正确示例

电子邮件使用明确的主题行,如"项目Y变更通知,请立即关注",并在正文中简明扼要地说明变更的内容、影响和下一步行动；在LinkedIn上分享一篇与你的职业相关的有见地的文章，并附上你对这篇文章的看法或总结，展示你的专业知识和对行业的洞察及预见。

这样的实践，不仅能提高沟通的效率和效果，还能树立一个正面且专业的形象。

结　语

在数字时代，电子邮件和社交媒体是不可或缺的沟通工具。正确掌握这些工具的使用方法，可以帮助我们更有效地沟通，同时树立和维护我们的专业形象。如今，使用数字化沟通不仅是一项基本技能，更是职业成功的重要组成部分。

09 远程办公，高效沟通无障碍

随着远程办公的普及，网络会议成为日常工作中重要的沟通方式。有效的远程沟通不仅能提高团队效率，还能加深团队成员间的信任和理解。

▶ 网络会议的基本原则

在网络会议中，有效沟通的原则仍然适用，如明确的会议目标、事先的准备和积极的参与等。但远程沟通也有其特殊性，比如技术问题的应对、非语言信号的缺失等。

▶ 远程沟通的挑战

在远程办公环境下，由于缺乏面对面交流时的即时反馈，可能会导致产生误解和沟通障碍。因此，如何有效地在网络会议和远程沟通中表达自己的观点，成了一个重要议题。

[假设 A 是项目经理，B 是远程办公的团队成员，他们正在讨论即将到来的项目截止日期。]

错误示例

A：你最近的工作进度有些落后，在截止日期前你能完成吗？

B：我已经在努力了。

（语气冷淡，关闭视频，无法看到表情）

在错误示例中，A 感到不满，但只是把问题抛给了 B，并没有提出和他一起解决问题的想法，这让 B 感到被批评，所以 B 的回答既简单又缺乏具体信息，也让 A 对项目的按时完成感到担忧。

正确示例

A：我看到你最近的工作进度有些慢，你是遇到什么问题了吗？马上到截止日期了，我们该怎么帮助你？

B：感谢你的理解。确实有一些技术问题影响了我的工作进度。不过，我正在尝试解决，但可能需要额外的支持。我们可以讨论一下可能的解决方案吗？

（开启视频，语气诚恳）

这种方式的沟通使 A 感到被理解，同时也让 B 感觉到团队愿意帮助他克服困难，促进了问题的有效解决。

远程沟通的策略

预先发送会议资料：确保所有参与者都有足够的时间去准备讨论的内容。

明确会议规则：如开会时开启摄像头、保持静音模式（除非要发言）等，这有助于减少会议中的干扰和误解。

利用视觉辅助工具：比如演示文稿、共享屏幕等，帮助我们更清晰地传达信息。

确保技术平台的稳定性：选择合适的远程会议软件，并提前测试，以防出现技术故障。

定期检查和反馈：会议结束时留出时间进行总结和反馈，确保每个人的理解和期待是一致的。

通过这些策略，我们可以最大化网络会议和远程办公的效果，提高沟通效率，同时提升团队的凝聚力。

结 语

在数字化快速发展的今天，网络会议和远程办公已经成为新常态。掌握有效的远程沟通技巧，不仅是提升个人工作效率的关键，也是保持和促进团队协作的重要手段。面对屏幕交流时的挑战，我们需要更加注重沟通的质量，确保每次交流都能达到预期的效果。

10 熟悉电子邮件和通信软件的优势与劣势

在现代社会,电子邮件和通信软件已经成为日常沟通不可或缺的工具。它们提供了快捷、方便的沟通方式,但同时也带来了新的挑战。

▶ 电子邮件的优势与劣势

电子邮件允许我们发送详细的信息和文档,对于保留记录和后续跟踪非常有用。然而,过度依赖电子邮件可能会导致信息过载,且无法立即得到回复。

错误示例

> 我已经发了五封邮件,你为什么还没回我?

> 我的邮箱里有上百封未读邮件,我还没找到你的。

正确示例

> 由于这个问题比较紧急,我发了一封邮件给你,希望你能优先查看。

> 收到,我会在今天下班前给你回复。

通信软件的优势与劣势

通信软件支持即时消息和文件共享,使得团队协作更加高效。但是,它们可能会导致工作和生活的界限模糊,增加员工的压力。

错误示例

> 你晚上 11 点发的那条信息,我没看懂。我们能不能不要在休息时间讨论工作?

> 我突然想起此事,就赶紧发给你了,免得忘记。

正确示例

> 我想我们可以设定一些基本规则，比如非紧急情况下不要在晚上休息时间讨论工作。

> 听起来不错，这样大家的私人时间都能得到保障。

结 语

电子邮件和通信软件各有优劣势，关键在于如何恰当地使用它们。通过设定明确的沟通规则，如回复的期限、何时使用即时消息、如何管理邮件等，我们可以最大化利用这些工具的优势，同时减少它们潜在的负面影响。使用合适的沟通策略以及深入了解工具的优劣势，可以让我们在数字时代的沟通中更加游刃有余。

11 选择合适的沟通工具,让沟通更高效

面对电子邮件和通信软件,选择合适的工具并有效地使用它们,对于提高沟通效率和团队协作至关重要。

▶ **电子邮件与通信软件**

电子邮件适用于正式的交流,如发送报告或重要通知。通信软件则更适合快速交流、日常协作和即时反馈。

▶ **选择合适的沟通工具**

在不同的情境下选择合适的沟通工具,可以避免信息过载,确保信息及时传达和处理。

[假设有一个项目要求紧急修改,你需要尽快通知团队成员。]

错误示例

关于修改项目××,我已经发送了一封详细的邮件,请大家查收。
(通过电子邮件)

不好意思,我刚看到邮件。
(两天后回复)

正确示例

大家好,××项目中有一项需要修改一下,请大家15分钟后参加远程会议。
(通过通信软件)

收到,我会准时参加。
(立即回复)

通过使用通信软件进行即时沟通,我们可以确保所有团队成员都能及时收到紧急信息。

▶ **高效使用电子邮件的策略**

用清晰的主题行概括邮件内容,便于收件人快速了解邮件重点。

避免在邮件中包含过多的主题，每封邮件只专注于一个主题，以提高处理效率。

高效使用通信软件的策略

对于需要及时讨论或反馈的事项，优先使用通信软件。

设定清晰的通信规则，比如使用特定的频道或群组讨论相关项目，避免信息混乱。

结 语

电子邮件和通信软件各有优劣势。根据沟通的正式程度、紧迫性和目的选择合适的工具，可以大大提高沟通的效率。重要的是，无论选择哪种工具，清晰、简洁的沟通都很关键。通过练习和反思，我们可以更加熟练地运用这些工具，使沟通更加流畅和有效。

12 为了应对变化，沟通策略要实时更新

随着时代变化，沟通需求也在不断变化，从传统的面对面会议到现在的线上会议，从长篇的报告到简洁的信息图表，适应这些变化是每个职场人必须面对的挑战。

▶ 理解变化的本质

理解沟通需求变化的本质是十分关键的。这些变化不仅仅是工具和平台的更新换代，更重要的是人们沟通方式和偏好的变化。例如，年轻人更倾向于使用图像和视频来传递信息，而不是传统的文字描述。

▶ 持续学习新工具和新方法

错误示例

坚持使用已经过时的沟通工具和方法，比如，仍然依

赖电子邮件进行所有的沟通，而忽视了即时通信工具的便捷性和效率。

> **正确示例**

积极了解和掌握新的沟通工具和平台。比如，使用项目管理软件进行更有效的协作，或者利用视频会议软件进行远程沟通。

▶ 适应多样化的沟通风格

不同的人可能会有不同的沟通风格。适应这些风格并灵活地调整自己的沟通方式，是提升沟通效率的关键。

> **错误示例**

对所有人采取同一种沟通方式，不考虑个人差异。比如，对技术团队成员和市场团队成员使用完全相同的技术术语和表达方式。

> **正确示例**

了解团队成员的背景和偏好，对技术团队使用更专业的术语，而对市场团队则采用更通俗易懂的语言。这样不仅能提高信息传递的准确性，还能增强团队成员之间的理解和信任。

主动寻求反馈，持续改进

持续改进沟通技能的一个关键是主动寻求并真正倾听反馈。

错误示例

忽视别人的反馈或防御性地接受别人的反馈，认为自己的沟通方式没有问题。

正确示例

主动请求同事和上级对你的沟通方式给予反馈，并将这些反馈视为成长的机会。例如，完成一个项目后，主动询问："你觉得我在项目沟通中有哪些地方可以改进？"然后根据反馈意见调整沟通策略。

结 语

为了适应不断变化的沟通需求，我们需要不断地学习、适应并改进。通过理解变化的本质，持续了解新的工具和平台，适应多样化的沟通风格，并主动寻求反馈，我们可以成为更有效的沟通者。

13 制订计划，一步步提升沟通能力

沟通能力的重要性不言而喻。然而，随着时间的推移，如果不通过持续学习和实践来提升沟通能力，即便是最基本的沟通技能也可能变得生疏。因此，制订个人发展计划，对任何希望提升沟通技能的人来说，都是至关重要的。

▶ 制定清晰的目标

要制定清晰的目标，是想更好地公开演讲，还是希望能在团队会议中更有效地表达意见？只有制定好目标，才能有具体的提升策略。

错误示例

只制定了一个模糊的目标，如"我想提高沟通能力"，而没有具体的行动计划或检验标准。

正确示例

制定一个明确的目标，如"在下一次部门会议中主持

一个议题，并收集至少五位同事的反馈意见"。

▶ 持续反馈与自我评估

自我反馈是个人发展计划中的关键环节。每次沟通后，都要花时间反思：哪些地方做得好？哪些地方可以改进？寻求他人的反馈同样重要，因为他们可以提供不同的视角。

> 错误示例

忽视他人的反馈，认为自己做得已经足够好了，不需要改变。

> 正确示例

在进行一次重要演讲后，主动向听众寻求反馈，并记录下来。之后，反思这些反馈，并调整自己的演讲方式。

▶ 利用资源进行学习

现今，有无数的资源可以帮助我们提升沟通技能，包括在线课程和培训、书籍等。制订你的个人发展计划时，要好好利用你的资源。

> 错误示例

只依赖于偶尔的职场沟通工作坊，没有持续的学习计划。

> **正确示例**

订阅一个专注于沟通技巧的在线课程,并设定每周完成一个小目标。同时,加入一个演讲俱乐部,以实践所学并获取即时反馈。

定期检查进度

定期检查你的进度,比如每个月或每个季度。评估自己是否接近目标,如果没有,你就要考虑需要做出哪些调整。

> **错误示例**

制订计划之后就放在一边,从不检查进度或调整目标。

> **正确示例**

在日历上设定每月的"自我评估日"。在这一天,检查过去一个月的学习进度,然后根据需要调整学习计划。

结 语

通过以上步骤,我们可以制订一个有效的个人发展计划,持续提升我们的沟通能力。记住,沟通技能的提升是一个持续的过程,需要时间和实践。通过不断学习、实践和反思,我们将逐步提升沟通技能,赢得更多机会。